Konfuzius sagt, ein Gemälde
sei ein Gedicht ohne Worte.
Die Hurtigrute ist ein einziges
Gemälde der Natur.

Helfried Weyer

# HURTIGRUTEN

MIT DEM POSTSCHIFF DURCH NORWEGEN

Tecklenborg Verlag

# IMPRESSUM

Umwelthinweis:
Der Inhalt dieses Buches wurde auf Papier
mit chlorfrei gebleichtem Zellstoff gedruckt.
Das Einbandmaterial ist recycelbar.

Die Deutsche Bibliothek - CIP Einheitsaufnahme

**Hurtigruten**
Mit dem Postschiff durch Norwegen
Helfried Weyer.- Steinfurt: Tecklenborg Verlag, 1999
ISBN 3-924044-47-3
NE: Weyer, Helfried

1. Auflage Oktober 1999
2. Auflage Februar 2000
3. Auflage Dezember 2000
4. Auflage März 2002
5. überarbeitete Auflage Juli 2003
6. überarbeitete Auflage April 2008


Siemensstraße 4
D-48565 Steinfurt

Layout: Norbert Wessels, Steinfurt
Lithoherstellung: Druckhaus Tecklenborg
Fotonachweis: Alle Fotos Helfried Weyer
Foto Seite 144: Hardy Weyer

Printed in Germany by
Druckhaus Tecklenborg, Steinfurt



Verlag und Autor garantieren, daß es sich bei den Fotografien in diesem Werk um Originalaufnahmen handelt, die nicht digital verändert wurden.

ISBN 3-924044-47-3

# INHALT

# VORWORT

Helfried Weyer ist dort zu Hause,
wo es die letzten
Paradiese zu entdecken gilt.

Als der norwegische Kapitän Richard With im Jahr 1893 mit einem Linienschiff von Trondheim aus Richtung Hammerfest ablegte, dachte wohl niemand daran, daß diese Pionierfahrt einmal Norwegens berühmte „Reichsstraße Nummer 1" begründen würde und daß in 100 Jahren ausländische Reisende auf der Hurtigrute dieses wunderschöne, größtenteils naturbelassene, aber doch gut erschlossene Land kennenlernen würden. Heute genießen Tausende von Touristen aus aller Welt 2.500 Seemeilen grandiose Natur, treffen freundliche und offene Menschen und sind dabei doch auf einem Arbeitsschiff, das einen klar definierten und von der norwegi schen Regierung subventionierten Auftrag erfüllt. Die norwegische Küstenbevölkerung muß mit Paketpost und vielen wichtigen Dingen des täglichen Lebens versorgt werden. Genau diese weltweit einzigartige Kombination fasziniert nicht nur Reisende, die hier einen unvergeßlichen Urlaub verbringen, sondern auch Schriftsteller, Journalisten und Fotografen.

Helfried Weyer ist Text- und Bildautor. Ich kenne ihn seit vielen Jahren und schätze ihn sehr. Sei es die Antarktis, die Arktis oder die Nordwest-Passage, Helfried Weyer und seine Frau Renate sind überall dort zu Hause, wo es noch letzte Paradiese auf der Erde zu entdecken und zu dokumentieren gilt, um den Menschen die Wunder dieser Welt in lebendigen und technisch perfekten Diashows nahezubringen. Jeder, der einmal einen Weyer-Vortrag erlebt hat, ist nicht nur begeistert, sondern kommt auch gerne wieder!

Ein Buch über Hurtigruten zu machen, lag nach acht Fotoreisen zu unterschiedlichsten Jahreszeiten nahe. Das vorliegende Ergebnis hat all meine Erwartungen übertroffen und wird sicherlich auch Sie als Leser und Betrachter überzeugen, daß die Hurtigrute die wirklich schönste Seereise der Welt ist, obwohl oder gerade weil man sie nicht auf einem Kreuzfahrtschiff macht.

Diese überarbeitete und ergänzte Neuauflage zeigt auch M/S „Finnmarken", M/S „Trollfjord" und M/S „Midnatsol", die 2003 in Dienst gestellt und in Hamburg getauft wurde. Winterreisen werden auf der Hurtigrute immer beliebter, deshalb haben sich Autor und Verleger für einen Wintertitel entschieden und erstmals zeigt Helfried Weyer die Hurtigrute auch in der gar nicht pechschwarzen Polarnacht.

Ich hoffe und wünsche, daß dieses großartig gestaltete Buch zwei Funktionen erfullen wird; Erinnerung an eine erlebnisreiche Zeit an Bord oder schöner Appetitanreger, einmal selbst mit einem der Hurtigruten-Schiffe zu fahren.

Bernd Stolzenberg
Geschäftsführer Hurtigruten GmbH

# ÜBER 100 JAHRE HURTIGRUTEN

„Ja, meine Damen und Herren, einen schönen guten Abend und herzlich willkommen an Bord. Wir sind jetzt zur Abfahrt Richtung Norden bereit und bitten unsere Passagiere, die Sicherheitsinformationen zu studieren. Während der Nacht werden wir Florø um 4.30 Uhr anlaufen, und morgen früh um 6.45 Uhr kommen wir in Måløy an. Dann wünschen wir Ihnen eine schöne Reise mit uns und eine gute Nacht.“

So begrüßt uns Anne-Sophie, die sympathische Reiseleiterin aus Bergen, über den Lautsprecher der „Kong Harald“. Vorher hat sie denselben Text in norwegisch, ihrer Muttersprache, gesprochen, und anschließend wiederholt Anne-Sophie die Begrüßung in englisch. Und genauso oder ähnlich werden jährlich über eine halbe Million Passagiere auf elf Hurtigruten-Schiffen willkommen geheißen. 55.000 von ihnen haben eine Rundreise gebucht.

Eine Seereise ist immer auch eine Seh-Reise.

Sie alle freuen sich auf die „schönste Seereise der Welt“ zwischen Bergen und Kirkenes, auf der 34 kleine und große Häfen angelaufen werden.

Die Reise führt über 2.500 Seemeilen, das sind mehr als 4.000 Kilometer.

Von Norwegens Hauptstadt Oslo bis nach Hammerfest, der nördlichsten Stadt der Welt, sind es genau 2.143 Kilometer auf der schnellen, teilweise gut ausgebauten E6. Diese Entfernung wird heute von rekordsüchtigen Urlaubern im eigenen Auto, per Motorrad oder im Reisebus in zwei bis drei Tagen bewältigt. Das war nicht immer so. In der Mitte des 17. Jahrhunderts – damals gehörte das heutige Norwegen noch zur dänischen Krone – gab es natürlich noch keine E6, dafür aber schon einen regelmäßigen Postdienst über den Polarkreis hinaus zwischen Trondheim und Vardø. Zweimal pro Jahr brachten norwegische Fischer Briefe, Pakete und Frachtsendungen hinauf in den „wilden Nordosten“. Wild war es tatsächlich dort oben,

1993 feierte Hurtigruten 100. Geburtstag.
Aus diesem Anlaß hat die norwegische Post zwei Sonderbriefmarken herausgebracht, die Richard With vor einem traditionellen Schiff (links) und Kapitäne mit Offizieren auf der Brücke vor einem Schiff der neuen Generation (rechts) zeigen. Das Bild entstand im Hurtigrutenmuseum in Stokmarknes auf den Vesterålen.

die Russen bedrohten ständig die östlichste Insel Norwegens.
1804 wurde eine regierungseigene Ruderstaffel nach Nordnorwegen eingerichtet. Acht kräftige Ruderer, Nachkommen der legendären Wikinger, brachten Post und Pakete von Trondheim nach Bodø und übergaben sie dort einer zweiten Staffel nach Tromsø.
Ein drittes Ruderboot fuhr dann hinauf bis Alta. So konnte ein erstaunlicher Drei-Wochen-Rhythmus für die Postversorgung nördlich des Polarkreises aufgebaut werden.
Vor über 100 Jahren, im Juli 1893 – jetzt gehörte Norwegen als Folge der Napoleonischen Kriege zu Schweden –, wurde Hurtigruten von dem Kaufmann, Lotsen und Kapitän Richard With ins Leben gerufen. Das erste 650 Tonnen große Dampfschiff – die „Vesterålen“ – verließ am 2. Juli den Hafen von Trondheim und wurde nach genau 67 Stunden – am 5. Juli 1893 – in Hammerfest stürmisch begrüßt. Entlang der Küste wurden Schiff und Mannschaft mit Salutschüssen und Volksfesten regelrecht gefeiert. Was heute durch moderne Satellitennavigation und genau vermessene Seekarten selbstverständlich erscheint, war vor gut 100 Jahren noch ein großes Wagnis und Abenteuer. Postschiffe waren zwar weltweit nichts Neues, die dampften schon seit den dreißiger Jahren des 19. Jahrhunderts von Großbritannien nach Nordamerika. Aber navigatorisch schwierige Gebiete hatte man damals für Linienschiffe noch nicht erschlossen. Kapitän Richard With hatte zwar ein seetüchtiges Schiff und auch zwei alte Seekarten, außerdem standen ihm nördlich von Trondheim 28 Leuchttürme als Navigationshilfen zur Verfügung, wichtigster Partner war aber sein erfahrener Lotse Anders Holte. Der hatte seit Jahren in diesem Seegebiet genaue Informationen über Wetter, Strömungsverhältnisse, mögliche Geschwindigkeiten und Fahrtdauer aufgezeichnet. Außerdem waren die wenigen Leuchttürme von damals nicht mit den lichtstarken elektrischen Feuern von heute zu vergleichen. Mit Petroleum gespeiste

Lampen schickten nur ein sehr schwaches Licht in die Dunkelheit. Dieser ersten Hurtigruten-Reise war der Abschluß eines Vertrages zwischen der norwegischen Regierung und der Vesterålens Dampskipsselskap vorausgegangen. Darin verpflichtete sich die Reederei, der Richard With angehörte, mit staatlicher finanzieller Unterstützung im Sommer einmal wöchentlich von Trondheim nach Hammerfest und im Winter von Trondheim bis Tromsø zu fahren. Unregelmäßigen Schiffsverkehr hatte es an dieser Küste zwar schon zur Wikingerzeit gegeben, mit Hurtigruten gab es aber die erste Linie mit einem verläßlichen Fahrplan. Das hatte einen sichtbaren wirtschaftlichen Aufschwung all der kleinen Fischerorte in Norwegens Nordwesten und Nordosten zur Folge, denn viele dieser Dörfer und Kommunen waren damals auf dem Landweg überhaupt nicht erreichbar. Erst mit den Hurtigruten-Schiffen hatten die Menschen des Nordens eine sichere Verbindung nach Süden und damit

Der Komfort auf den Hurtigruten-Schiffen der neuen Generation ist durchaus mit Luxuslinern zu vergleichen. Hier die Lobby auf der in Stralsund gebauten „Kong Harald".

Zugang zum Weltmarkt. Nord- und Südnorwegen konnten endlich zusammenwachsen. Bis heute hat Hurtigruten neben der großen Tradition auch eine wichtige ökonomische Funktion. 1898 wurde Bergen zur südlichsten Endstation und 1911 Kirkenes an der russischen Grenze zur nördlichsten. In der Vergangenheit teilten sich zwei norwegische Reedereien in Narvik und Tromsø Hurtigruten. 2006 haben sich die beiden Reedereien zur Hurtigruten ASA zusammengeschlossen. Elf Schiffe sind täglich zwischen Bergen und Kirkenes unterwegs und befördern immer noch in erster Linie Fracht: Post, Fisch, Maschinen, Fertighäuser, Boote, Motoren, Ersatzteile und alle lebensnotwendigen Güter für die Bewohner der norwegischen Küste. Der Hurtigruten-Fahrplan wird nach dem Ladungsaufkommen der Fracht in den einzelnen Häfen erstellt und nicht nach den Passagierzahlen.

Schon bald nach der Gründung haben die Reedereien erkannt, daß die Touristenbeförderung auf den Hurtigruten-Schiffen eine gute Nebeneinnahme ist, und die vielen Passagiere aus aller Welt gaben dieser Postroute das Attribut „die schönste Seereise der Welt".

Die seemännische Erfahrung der Kapitäne, Offiziere und Mannschaften machen die Route zu einer der sichersten auf dem Globus. Die ersten Passagiere waren zwangsläufig Norweger, die nun erstmals Freunde und Verwandte in Nordnorwegen mit einem Linienschiff erreichen konnten. Die „Vesterålen" hatte noch drei Passagierklassen, verfügte aber schon über ein Restaurant mit 24-Stunden-Service, spezielle Raucherkabinen und einen Damensalon für gesellige Stunden. Erst zwischen den beiden Weltkriegen entwickelte sich – zögernd zunächst – der Tourismus auf der Hurtigrute. Nach dem Zweiten Weltkrieg folgte der wirtschaftliche Aufschwung in Europa, und die norwegische Regierung forderte nun auch während der Wintermonate tägliche Abfahrten, die sie kräftig subventionierte. Dadurch konnten die Reedereien mit neuen Schiffen ihre Kapazitäten für Fracht und Passagiere erhöhen. Bald schon entdeckten europäische Tourveranstalter Hurtigruten. Auf den Schiffen konnte man endlich auch größeren Gruppen die wilde Schönheit der norwegischen Küste präsentieren.

Und diese Schönheit, von Norwegens Straßen aus oft nicht zu sehen, ist in der Welt einzigartig: Vom Wind zerfressene Granitberge und vom Wasser geschliffene Klippen wälzen ihre Leiber tief in das Meer hinein. Wände aus erodiertem Basalt steigen senkrecht aus den Fjorden empor. Dann wieder sanfte bewaldete Hänge, leuchtendweiße Gletscher und rotviolette Felsen, die wie Schmuck unter der Mitternachtssonne glitzern. Und ein wildes Meer, das seit Jahrmillionen wie in ohnmächtiger Wut gegen diese Küste anbrandet.

Blick in eine der gemütlichen Bars der „Kong Harald".
Zwei Reedereien teilen sich Hurtigruten, TFDS steht
für Troms Fylkes Dampskibsselskap, Tromsø.

Stundenlang hängt der rote Glutball der Sonne am nördlichen Himmel, und ihr Licht wird gefiltert von der angenehmen Kälte der hohen Breitengrade. Solche Landschaften lassen an die unsterblichen Melodien von Edvard Grieg denken.

Südlich des Polarkreises entdecken wir Wälle von blühenden Fliederbüschen. Der Golfstrom, die „Warmwasserheizung Europas", läßt hier eine Flora gedeihen, die an Üppigkeit und Vielfalt mit der an der Riviera durchaus konkurrieren kann.

Und dann sind da die naturverbundenen Norweger! Unweit der kleinen Fischerdörfer und der stolzen Städte liegen unzählige schmucke Häuschen und Villen wie bunte Perlen verstreut im Wald, stehen im Windschutz der schroffen Felsen oder ausgesetzt auf winzigen Inseln. Sie spiegeln das lebendige Zusammenspiel von wilder Natur und einer modernen Gesellschaft mit höchster Lebensqualität. Auf dem winzigen Flugplatz von Svolvær sah ich einen Piloten eigenhändig spät ankommende Postsäcke in sein Flugzeug tragen, und die Offiziere von Hurtigruten helfen bei jedem Hafenstopp bis zur letzten Minute vor der Abfahrt. „Bei uns greift jeder zu, wenn es der Gemeinschaft dient. Jeder ist in Norwegen sein eigener König – und Könige vergeben sich bekanntlich nichts", sagte mir lachend ein Kapitän. Zu diesen aufgeschlossenen und gastfreundlichen Menschen gehören auch die Mädchen mit ihren feuerroten Haaren und offenen Gesichtern voller Sommersprossen. „Ein Mädchen ohne Sommersprossen ist wie ein Himmel ohne Sterne!"

Unbezahlbar und phantastisch ist die kristallklare Luft „dort oben". Norweger können sich gar nicht vorstellen, unter welchen Verhältnissen viele Großstädter im autoverstopften Europa leben müssen. Aber wir Menschen sind von Natur aus unvernünftig. Die meisten verbringen ihren kostbaren Urlaub Jahr für Jahr an südlichen Badestränden, die so überfüllt sind, daß man froh ist, einen Stehplatz im lauwarmen, schmutzigen Wasser zu

Die nordischen Bordbuffets mit Lachs, Forellen, Krabben, Hering und anderen Köstlichkeiten aus dem Nordmeer verdienen durchaus fünf Sterne. Sie sind immer wieder ein Fest für Augen und Gaumen.

bekommen. Warum entspannen sie sich nicht auf der Blumenwiese eines norwegischen Bauern und trinken frische, nicht entrahmte Milch, oder schmecken einfach das würzige Salz dieser faszinierenden Küste. Immerhin ist die Hurtigrute nach dem Ausbau der Flotte immer beliebter geworden. Viele Touristen erkannten den wahren Reichtum des Nordens. Die Reeder paßten sich der wachsenden Nachfrage an, und die Schiffe wurden zwangsläufig größer und komfortabler. Moderne Kabinen mit Duschen und WC sowie exklusive Suiten sind heute auf den Hurtigruten-Schiffen der neuen Generation längst selbstverständlich.

Bis 1982 ging die Fahrt im Sommer einmal wöchentlich von Bergen hinauf nach Spitzbergen. Diese Route hat die Troms Fylkes Dampskibsselskap (TFDS) in jüngster Zeit erneut aufgenommen; das traditionelle Schiff „Nordstjernen" wurde Sommer 1994 aus Hurtigruten „entlassen" und durch die „Nordlys" ersetzt. Seit 1994 fuhr die „Nordstjernen" dann regelmäßig zwischen Tromsø und Spitzbergen und versuchte dort sogar bei guten Eisverhältnissen 80 Grad Nord zu erreichen. Die M/S „Nordstjernen" fährt heute (2008) von Oktober bis April für M/S „Nordnorge" (die treibt sich in dieser Zeit in der Antarktis rum) im Liniendienst von Hurtigruten und von Mai bis September in Spitzbergen. Die norwegische Regierung hatte den

Hurtigruten-Reedereien bis zum Jahr 2002 Subventionen garantiert. Danach sollten die Schiffe auf eigenen Füßen beziehungsweise Kielen stehen. Das bedeutete, daß jetzt die Beförderung von Passagieren genauso wichtig oder sogar bedeutender wurde als die von Fracht. Die touristischen Angebote wurden attraktiv erweitert und ausgebaut. So fuhr M/S „Richard With" beispielsweise nach einem ersten erfolgreichen Versuch 1997 in der Sommersaison 1999 nordgehend regelmäßig in den Geirangerfjord und strich die traditionellen Anlandungen in Florø und Torvik, um den normalen Fahrplan einhalten zu können. Seit 2000 gehört ein Abstecher in den Geirangerfjord bei allen Hurtigruten-Schiffen dazu. Diese Fahrt kann auch als Tagesausflug von und bis Ålesund gebucht werden. Mit solchen und ähnlichen Experimenten stellt man sich stärker auf die Interessen der Passagiere ein. Daß Sommerfahrten mit den Postschiffen ständig ausgebucht sind und man sich mit einem Platz auf einer langen

Die Panoramalounge „Trollgalerie" der neuen M/S „Trollfjord" ist eine echte Attraktion, das ist Luxus vom Feinsten! Bei jedem Wetter kann man von hier aus gemütlichen Sesseln die Landschaft der norwegischen Küste genießen.

Warteliste begnügen muß, gehört ebenfalls der Vergangenheit an. Die Schiffe der neuen Generation können bis zu 700 Passagiere aufnehmen, und die drei Superschiffe M/S „Finnmarken", M/S „Trollfjord" und M/S „Midnatsol" sogar 1.000! Damit ist auch das Kabinenangebot entsprechend gewachsen. Doch trotz der Modernisierung erlebt der Hurtigruten-Reisende auf allen Schiffen immer noch ein gutes Stück vergangener Schiffahrtsromantik. Auf allen Hurtigruten-Schiffen gibt es heute Autostellplätze, so daß man die „schönste Seereise der Welt" mit einer privaten Autofahrt durch Norwegen ideal kombinieren kann. So haben wir es einmal getan. Meine Frau Renate und ich fuhren mit unserem VW-Bus im Gepäck auf der „Richard With" von Bergen nach Kirkenes und dann im Auto zurück – nicht zuletzt, um alle elf Hurtigruten-Schiffe von Land aus für dieses Buch zu fotografieren. Die Junireise war bereits unsere zweite Fahrt in dem Jahr, die erste hatten wir schon im April angetreten, auf der „Kong Harald", und nach der freundlichen Begrüßung durch die immer freundliche Anne-Sophie eilten wir zunächst einmal an das köstliche nordische Buffet: norwegischer Wildlachs, geräucherte Forellen und frische Krabben von den Lofoten, Fleisch, Schinken, Wurst, Speck, Eier, Salate, Heringe, Kaffee, Orangensaft, Milch und Buttermilch im Überfluß.

# DIE ANREISE

## Urlaubstage vor und nach der Hurtigrute

Natürlich gibt es für die Anreise zu den Hurtigruten-Schiffen viele Möglichkeiten. Hier möchte ich nur einige Beispiele nennen:

1. Linienflug von allen europäischen Flughäfen über Oslo nach Bergen. Die Lufthansa fliegt von März bis Oktober 2 mal täglich direkt von Frankfurt nach Bergen und in den Monaten Juli und August 1 mal täglich von Hamburg nach Bergen. Die Hurtigruten GmbH bietet von Mai bis September Charterflüge von Köln und München nach Bergen und Kirkenes an.

2. Bahn-Schiff-Kombination. Eine besonders reizvolle Anreise ergibt sich aus der Bahnfahrt bis Kiel, der Überfahrt mit Color Line nach Oslo und der Weiterfahrt mit der Bergenbahn bis Bergen. Die Bergenbahn läßt sich noch mit Schiffs- und Busverbindungen kombinieren: mit der Bergenbahn von Oslo nach Flåm, dann per Schiff weiter von Flåm nach Gudvangen und von dort mit dem Bus nach Voss. Zwischen Voss und Bergen verkehrt die Bergenbahn. Man kann auch ab Flåm mit dem Expressboot durch den Sognefjord direkt bis Bergen fahren. Die Fahrpläne sind bis Hurtigruten aufeinander abgstimmt.

3. Auto plus Fähre. Natürlich läßt sich die gesamte Strecke nach Bergen im Auto fahren. Von Kopenhagen bis Oslo sind es 579 Kilometer und von Oslo nach Bergen 491 Kilometer. Das Auto kann auch von Kiel nach Oslo auf der Color Line verschifft werden.

Durch Dänemark bieten sich zwei Möglichkeiten an: Fahrt bis Hirtshals, dann mit Color Line bis Kristiansand und weiter nach Bergen (Kristiansand – Bergen = 502 Kilometer). Oder mit dem Auto bis Hanstholm und mit der Fjord Line über Nacht direkt bis Bergen.

Die schönsten Anreisen sind Jahr für Jahr im Katalog der Hurtigruten GmbH, Kleine Johannis Straße 10, 20457 Hamburg – zu finden und können in jedem guten Reisebüro gebucht werden.

Die alten Speicherhäuser von Trondheim spiegeln sich im blauen Wasser der Nidelva. Die Liegezeiten der Hurtigrute erlauben in vielen Städten ausgiebige Stadtbummel.

MIDNATSOL
ATLAS
ATLAS

# DIE FLOTTE

„Wir brauchen Spitzenqualität bis hinein ins kleinste Detail."

In den ersten 100 Jahren der Geschichte von Hurtigruten waren mehr als 70 Schiffe in Betrieb, solche, die zunächst auf anderen Linien fuhren, und solche, die speziell für die ungewöhnlichen Anforderungen von Hurtigruten gebaut wurden. Traditionelle Dampfer wurden immer wieder umgebaut, modernisiert, mit neuer Technik ausgestattet oder durch Neubauten ersetzt.

Bis zum Frühjahr 2002 fuhren noch die beiden kleinen traditionellen Hurtigrutenschiffe M/S „Lofoten" und M/S „Harald Jarl" * in der Flotte mit, sie wurden dann durch die Superneubauten M/S „Finnmarken" und M/S „Trollfjord" ersetzt. Im April 2003 wurde die M/S „Midnatsol" der sogenannten Mittleren Generation ebenfalls durch einen Neubau ersetzt, der baugleich mit der M/S „Trollfjord" ist. Die Taufe der neuen M/S „Midnatsol" fand erstmals in Hamburg statt. Dieses stolze und neueste aller Hurtigrutenschiffe besticht durch besondere Eleganz. Da sind z.B. die großflächigen Fenster der zweistöckigen Panoramalounge „Horisont", in der sich abends die Decke in einen filigranen Sternenhimmel verwandelt.

* siehe Seite 4

Die neue M/S „Midnatsol" wurde im März 2003 in Hamburg feierlich getauft.

Von der mittleren Generation fahren heute nur noch die M/S „Vesteralen" und die M/S „Narvik" aus den achtziger Jahren. Sie wurden 1995 modernisiert und sind die kleinsten in der Flotte. Alle Kabinen verfügen über eigene Sanitärzellen, einige haben allerdings noch Doppelstockbetten.

Diesen beiden Veteranen folgen die sechs Schiffe der Neuen Generation. Sie sind mit modernster Technik sowie mit der besten Navigations-, Kommunikations- und Sicherheitsausrüstung ausgestattet. Kabinen, Suiten, Bars, Restaurants und Panorama-Lounges erinnern an Kreuzfahrtschiffe. Die Brücken könnten aus einem Raumschiff stammen. Da schimmern Monitore blau und grün, LCD-Displays zeigen die genauen Koordinaten der jeweiligen Position an, der Kapitän telefoniert mit dem Maschinenraum und hält dabei seine Kaffeetasse in der Hand. Man fragt sich, wer das Schiff wirklich fährt, der Kapitän oder der Computer? Bemerkenswert, speziell für einen deutschen Passagier, ist, daß drei der sechs Luxusschiffe aus der Bundesrepublik stammen: die „Nordlys", die „Richard With" und die „Kong Harald". Die „Nordnorge", die „Polarlys" und die „Nordkapp"
wurden 1997 und 1996 in Norwegen gebaut. Für die sechs Liner haben die beiden norwegischen Reedereien 3,7 Milliarden nkr, umgerechnet etwa 850 Millionen Mark investiert. Alle sechs Schiffe haben über 11.000 Tonnen, sind 121,8 Meter lang, 19,2 Meter breit, bis zu 18 Knoten schnell und verfügen über 482 beziehungsweise 490 Passagierbetten plus 50 Pkw-Stellplätze. Der Entwurf für diese Luxusschiffe kommt aus der Meyer-Werft in Papenburg. Die Volkswerft in Stralsund hat den Zuschlag für den Bau der Schiffe unter 30 internationalen Mitbewerbern bekommen. Das war der erste große Erfolg nach der deutschen Wiedervereinigung. Der zweite Erfolg war der Bau selbst, denn die Volkswerft war auf Fischereischiffe spezialisiert und stand plötzlich vor der gigantischen Aufgabe, kombinierte Passagier- und Frachtschiffe zu bauen. Der Verbindung Volkswerft–Meyer-Werft gelang ein richtiges Husarenstück. Die „Kong Harald" entstand in dem unglaublichen Zeitraum von nur zwei Jahren und wurde pünktlich zum 100. Geburtstag von Hurtigruten am 2. Juli 1993 abgeliefert. Die „Richard With" vier Monate später. Ein Jahr darauf folgte die „Nordlys".

Bei der feierlichen Übergabe der „Richard With" sagte Tor J. Strand, Vorsitzender der Reederei Ofotens og Vesterålens Dampskibsselskap (OVDS) vor vielen geladenen Gästen:

„Ich bin – wie andere Norweger auch – stark beeindruckt. Unsere Anforderungen waren hoch, das Ergebnis jedoch übersteigt meine größten Erwartungen. Ja, wir brauchen Spitzenqualität bis ins kleinste Detail, denn dieses Schiff wurde für eine anspruchsvolle und wichtige Route entlang der touristisch attraktiven norwegischen Küste gebaut. Man kann sagen, daß die Hurtigrute die wichtigste Straße unseres Landes ist. Mit „Kong Harald" wurde das Modernisierungsprogramm von Hurtigruten mit Schiffen einer ganz neuen Generation begonnen. Die drei neuen Schiffe aus Stralsund ermöglichen eine vierzigprozentige Steigerung der Hurtigruten-Kapazität. Ich möchte der Geschäftsführung und der Belegschaft der Volkswerft für ihre hervorragende Arbeit danken."

Das erste Hurtigruten-Schiff aus der Volkswerft wurde am 28. Juni 1993 in Stralsund zu Ehren des norwegischen Königshauses auf den Namen „Kong Harald" getauft und erreichte zum 100. Geburtstag von Hurtigruten Trondheim.
Die Stadt hat 140.000 Einwohner, über 15.000 von ihnen besuchten an diesem Tag die „Kong Harald". Anschließend fuhr das stolze Schiff zu seinem ersten Einsatz nach Bergen. Dort mußte die „Kong Harald" immer wieder gesperrt werden, weil der Besucherandrang einfach zu groß wurde.

Die Zeit bleibt nie stehen! Das gilt ganz besonders für den modernen Schiffsbau. Die 1912 gebaute M/S „Finnmarken", die heute im Hurtigrutenmuseum in Stokmarknes auf den Vesterålen steht, diente als Vorbild für die Architektur der neuen M/S „Finnmarken". Abgerundete Heckpartien, umlaufende Decks und typische Jugendstilelemente im Innenbereich prägen das elegante Erscheinungsbild. Der großzügige Panoramasalon „Brotoppen" bietet mit 220 Sitzplätzen einen Ausblick von fast 360 Grad. Ein ganz neues Hurtigrutengefühl entsteht im beheizten Außenpool, der in dieser Neuauflage auf Seite 131 zu sehen ist.

Zeitgleich mit der M/S „Finnmarken" nahm die neue M/S „Trollfjord" ihren Dienst auf. Ihre Kabinen in besonders freundlichen Farben sind genau wie die Gesellschaftsräume mit Werken norwegischer Künstler ausgestattet. Außerdem gibt es auf der M/S „Trollfjord" und ebenso auf der M/S „Midnatsol" eine erweiterte Konferenzsektion, deren größter Raum vom Aufbau her an ein klassisches Amphitheater erinnert. Das gläserne Atrium dieser beiden Neubauten, das sich über mehrere Decks erstreckt, erfüllt die Schiffe mit viel Licht und Sonne.
Die gläsernen Fahrstühle bieten einen reizvollen Rundumblick.

Neu oder weniger neu, der Charme aller Schiffe - und dazu gehören auch Offiziere und Mannschaften - trägt zu der Faszination Hurtigruten bei, obwohl diese Schiffe doch nur Transportmittel vor einer gewaltigen und einzigartigen Naturkulisse sind:

„Weiter oben, etwa an der Baumgrenze, wo Quarzit, Granit und Schiefer die Berge in den unterschiedlichsten Farben leuchten ließen und kreisbildende Flechten das Urgestein mit brennend roten und chromgelben Inseln überzogen, herrschte ein sanftes, rötliches Licht, das sich in der Höhe mit dem Blau des Himmels vermischte und den Bergspitzen eine violette Temperatönung verlieh." *

* C. C. Bergius in „Nebel im Fjord der Lachse"

Kaum hat ein Schiff am Kai festgemacht, schon öffnet sich die große Ladeluke, fahren und piepen die Gabelstapler. Kommandos fliegen hin und her. Fracht wird an Land gebracht, neue hochbeladene Paletten verschwinden im Bauch des Schiffes. Dieser einzigartigen Kombination Passagier-Frachtschiff verdankt Hurtigruten den ganz besonderen Charme.

KONG HARALD
KOMATSU
KOMATSU
NOR-CARGO

# DIE SCHIFFE DER HURT

M/S „Nordkapp“
Baujahr 1996
490 Betten, 691 Passagiere
50 Autostellplätze
BRT: 11.386 Tonnen
Länge: 123,3 m
Breite: 19,5 m
Geschwindigkeit: 18 Knoten

M/S „Polarlys“
Baujahr 1996
482 Betten, 691 Passagiere
50 Autostellplätze
BRT: 12.000 Tonnen
Länge: 123 m
Breite: 19,2 m
Geschwindigkeit: 18 Knoten

M/S „Nordnorge“
Baujahr 1997
464 Betten, 691 Passagiere
50 Autostellplätze
BRT: 11.386 Tonnen
Länge: 123,3 m
Breite: 19,5 m
Geschwindigkeit.: 18 Knoten

M/S „Nordlys“
Baujahr 1994
482 Betten, 691 Passagiere
50 Autostellplätze
BRT: 11.200 Tonnen
Länge: 121,8 m
Breite: 19,2 m
Geschwindigkeit: 18 Knoten

M/S „Richard With“
Baujahr 1993
490 Betten, 691 Passagiere
50 Autostellplätze
BRT: 11.205 Tonnen
Länge: 121,8 m
Breite: 19,2 m
Geschwindigkeit: 18 Knoten

M/S „Kong Harald“
Baujahr 1993
490 Betten, 691 Passagiere
50 Autostellplätze
BRT: 11.200 Tonnen
Länge: 121,8 m
Breite: 19,2 m
Geschwindigkeit: 18 Knoten

# GRUTEN IM ÜBERBLICK

M/S „Vesterålen"
Baujahr 1983
314 Betten, 550 Passagiere
40 Autostellplätze
BRT: 6.261 Tonnen
Länge: 108,6 m
Breite: 16,5 m
Geschwindigkeit: 18 Knoten

M/S „Midnatsol"
Baujahr 2003
664 Betten, 1000 Passagiere
50 Autostellplätze
BRT: 15000 Tonnen
Länge: 135,75 m
Breite: 21,5 m
Geschwindigkeit: 18 Knoten

M/S „Trollfjord"
Baujahr 2003
674 Betten, 823 Passagiere
50 Autostellplätze
BRT: 15000 Tonnen
Länge: 138,75 m
Breite: 21,5 m
Geschwindigkeit: 18 Knoten

M/S „Finnmarken"
Baujahr 2002
624 Betten, 1000 Passagiere
50 Autostellplätze
BRT: 15000 Tonnen
Länge: 138,5 m
Breite: 21,5 m
Geschwindigkeit: 18 Knoten

M/S „Nordstjernen"
Baujahr 1956
168 Betten, 400 Passagiere
BRT: 2.568 Tonnen
Länge: 80,7 m
Breite: 12,6 m
Geschwindigkeit: 14 Knoten

M/S „Lofoten"
Baujahr 1964
155 Betten, 410 Passagiere
BRT: 2.621 Tonnen
Länge: 87,4 m
Breite: 13,2 m
Geschwindigkeit: 16 Knoten

M/S „Fram"
Baujahr 2007
Passagiere max. 302
BRT: 12.700 Tonnen
Länge: 110 m
Breite: 20,20 m
Geschwindigkeit: 18 Knoten
Dieses Expeditionsschiff fährt nicht im Hurtigruten-Fahrplan, sondern im Sommer in Grönland und im Winter in der Antarktis.

# BERGEN

Die Menschen in Norwegens „heimlicher Hauptstadt" sind überzeugt, in der schönsten Stadt des Landes zu leben.

Tief versteckt zwischen sieben Bergen, an den Ufern von glitzernden Schären und rund um das pulsierende Hafenbecken Vågan liegt eine Perle Norwegens: Bergen. Und wenn es dort auch über 300 Regentage pro Jahr gibt – Regen macht bekanntlich schön –, so ist Bergen doch eine faszinierende Stadt. In den ersten Jahrzehnten des 14. Jahrhunderts wurde sie die wichtigste Niederlassung der Deutschen Hanse. Deren dickbauchige Koggen brachten Salz, Korn und Bier nach Bergen. Hier wurden Trockenfisch, Salzheringe und Butter gebunkert. Die dreistöckigen Kontorhäuser, bis 1940 Tyskebryggen genannt und nach dem Krieg nur noch Bryggen, prägen bis heute den alten Stadtkern am Hafen und sind längst zum Weltkulturerbe ernannt. Heute wird Bryggen durch noble Restaurants, Galerien, Souvenirgeschäfte und Werkstätten einheimischer Handwerker und Künstler geprägt. Gleich daneben befindet sich der attraktive Fischmarkt mit nicht nur optischen Leckerbissen aus dem Meer: Lachs, Kaviar, Forelle, Hummer, Krabben und auch Walfleisch. Die Bezeichnung Feinschmeckerbasar wäre hier treffender als das Wort Fischmarkt! Bergen präsentiert sich mit einer großen Auswahl von Theatern und Konzerthäusern, Musikfestivals, Galerien und Museen. Und etwas außerhalb liegt Troldhaugen, das Heim von Edvard Grieg, des wohl bekanntesten norwegischen Komponisten. Grieg lebte und arbeitete dort vor hundert Jahren und verstand es meisterhaft, Elemente der norwegischen Folklore mit Stilmitteln der deutschen Romantik zu verbinden. Die Musik zu Ibsens „Peer Gynt" gehört zu seinen bekanntesten Werken. Troldhaugen hat einen eigenen Konzertsaal. Es lohnt sich also, vor oder nach der Hurtigruten-Reise mindestens einen Tag in dieser wunderbaren Kulturstadt zu verweilen, in der die Menschen zuerst Bergener sind und dann erst Norweger.
Der viele Regen scheint die Bewohner gar nicht zu stören. Darüber scherzen sie selber gerne: „Bei uns in Bergen regnet es so oft, daß die Pferde scheuen, wenn sie plötzlich einen Menschen ohne Schirm auf der Straße sehen!"

# DER ERSTE TAG

„Einer der glücklichsten Momente im Leben eines Menschen scheint mir der Aufbruch zu einer weiten Reise zu sein. Indem er mit einer gewaltigen Anstrengung die Fesseln der Gewohnheit, das bleierne Gewicht der Routine, den Mantel zahlreicher Sorgen und die Sklaverei seines Zuhauses abschüttelt, fühlt der Mensch sich wieder froh. Das Blut fließt mit der Schnelligkeit der Kindheit – von neuem dämmert der Morgen des Lebens." Sir Richard Francis Burton

Dieser Tag gehört Bergen und seiner bewegten Geschichte, die in Bauten, Museen und im bunten Hafen selbst ihre Spuren hinterlassen hat. Gegen 18 Uhr sollte man sich zum Hurtigruten-Kai begeben, seine Kabine beziehen und das erste Briefing des Reiseleiters nicht versäumen. Nach dem Dinner ist noch Zeit, um das Schiff kennenzulernen: Die glanzvollen Arkaden zum Promenieren, die gemütliche Bar und die stille Bibliothek, die großzügige Panorama-Lounge und die verschiedenen Außendecks.

Ich habe schon viele Schiffsabfahrten in allen Kontinenten erlebt und finde es doch immer wieder berauschend, in diesen Minuten draußen an Deck zu stehen.
Von der Brücke kommt das kurze Kommando: „Leinen los!" Die starken Dieselmotoren lassen das Schiff leicht vibrieren. Die Schraube und das quirlende Wasser geben einen neuen Grundton, der zunächst in unser Gehör und dann in unser Gefühl eindringt. Dieser Grundton wird uns in den nächsten Wochen ständig begleiten und flüstern:

„Wir fahren!"

Schon wenige Minuten nach dem Auslaufen unterfährt das Schiff die imposante Askøy-Brücke mit einer Spannweite von 850 Metern und wendet sich dann nach Norden in den Hjeltefjord, den wir nachts passieren.
Übrigens, wir waren oft in Bergen und erlebten dort fast immer Sonnentage.

ZACHARIASBRYGGEN

Junge Verkäuferin auf dem
Fischmarkt von Bergen.

Bergen: Die einzigartigen Gebäude der Hansebrücke aus dem 14. Jahrhundert sind in die UNESCO-Liste als Weltkulturerbe aufgenommen worden.
Bis 1940 nannten die Norweger sie Tyskebryggen, nach dem Krieg nur noch Bryggen.

Die „Kong Harald" kurz vor der Abfahrt am alten Hurtigruten-Kai in Bergen. Der Hurtigruten Terminal wurde 2006 dichter an die Innenstadt verlegt, in die Nøstegaten. Jeden Abend startet hier eines der elf Hurtigruten-Schiffe zur „schönsten Seereise der Welt" Richtung Norden nach Kirkenes an der norwegisch-russischen Grenze.

# DER ZWEITE TAG

Ein Jugendstilmuseum
erinnert an Kaiser Wilhelm II.

Es lohnt sich, früh aufzustehen, denn eine knappe Stunde vor Måløy durchfahren wir einen eindrucksvoll engen Sund. Die Fahrrinne liegt noch unter nächtlichen Schatten, die Bergspitzen an Back- und Steuerbord leuchten bereits im goldenen Morgenlicht. Der Himmel über uns ist absolut wolkenlos und zartblau. Dann folgt eine Brückendurchfahrt, und schon tauchen an Backbord die bunten Häuser von Måløy am Berghang auf. Wir liegen hier nur 45 Minuten im Hafen, gerade Zeit genug, um sich die imposanten Anlagen anzusehen, in denen jährlich etwa 200.000 Tonnen Fisch verarbeitet werden.

Wenige Minuten nach der Weiterfahrt sehen wir an Steuerbord den 500 Meter hohen Granitfelsen des norwegischen Westkaps, den oft stürmischen Treffpunkt von Nordsee und Atlantik. Erstmals führt unsere Route auf den offenen Atlantik hinaus. Den Schutz der Küste erreichen wir erst wieder unmittelbar vor Torvik.

Für das Mittagessen bleibt heute kaum Zeit, denn genau um 12 Uhr legt unser Schiff am Kai von Ålesund an, der Bilderbuchstadt Norwegens. 1904 wütete ein fürchterlicher Brand in Ålesund, dem über 1.000 Häuser zum Opfer fielen. Danach wurde die gesamte Innenstadt im damals modernen Jugendstil neu aufgebaut. Der deutsche Kaiser Wilhelm II., der sich mit seiner Yacht „Hohenzollern“ regelmäßig in den Fjorden um Ålesund aufhielt, war ein großer Verehrer und Freund Norwegens und leistete großzügige Hilfe beim Wiederaufbau. Daran erinnert nicht zuletzt die Straße „Keiser Wilhelms Gate“ im Süden des großartigen Aussichtspunktes Aksla. Der Berg Aksla ragt knapp 200 Meter über die Stadt. Dorthinauf führen 418 Stufen. Der freie Blick nach Westen schweift über die bunte Stadt, die wie Spielzeug unter uns liegt, auf die vielen vorgelagerten Inseln und weiter bis zum offenen Atlantik. Vor lauter Begeisterung versäumen wir fast die Hurtigruten-Abfahrt um 15 Uhr.

Gute drei Stunden später erreichen wir Molde. Während bisher die Fischverarbeitung die kleinen und größeren Häfen dominierte, landen wir hier mitten in einem bedeutenden Handelsplatz für Holzexporte. Die Stadt liegt in einem besonders günstigen Klima für Kastanien, Ahorn, Buchen und Eschen. Der für die nördliche Breite (62 Grad) ungewöhnlich reiche Pflanzenwuchs hat Molde den Beinamen „Rosenstadt“ eingebracht, ein Geschenk des warmen Golfstromes. In der auf drei Inseln wunderschön gelegenen Stadt Kristiansund legen wir erst bei Dunkelheit an. Das macht die südgehende Hurtigrute spannend, denn viele Orte, die von den nordgehenden Schiffen nachts angelaufen werden, besuchen wir südgehend tagsüber. So ist es auch mit dem bedeutenden Fischereizentrum Kristiansund.

Wenn unser Schiff um 23 Uhr in Kristiansund ablegt, sollten wir eigentlich müde sein, müde vom vielen Schauen und von der frischen Luft auf See. Endlich Seh-Ruhe! Zeit für die Kabine? Nein, die gemütliche Bar ist noch offen, und dort trifft man immer interessante Mitreisende, mit denen man über den erlebnisreichen Tag plaudern kann. Bei solchen Gesprächen staunen wir immer wieder, wie viele Norweger gut oder sehr gut deutsch sprechen.

Früh am Morgen des zweiten Tages fährt die „Kong Harald“ in den geschäftigen Fischereihafen von Måløy. Hier werden jährlich etwa 200.000 Tonnen Fisch verarbeitet.

BROSUNDET
GJESTEHUS
T.BERSET
Peter Spjelkavik's
SKIPSHANDEL

Jugendstilhäuser im Hafenbecken von Ålesund, nur fünf Minuten vom Hurtigruten-Kai entfernt. Sie entstanden mit finanzieller Unterstützung von Kaiser Wilhelm II., der ein großer Freund und Bewunderer Norwegens war. Verschiedene Hotels in Ålesund können mit dem Auto ebenso angefahren werden wie mit dem Boot.

Die „Bilderbuchstadt" Ålesund vom Hausberg Aksla fotografiert. Von hier aus bietet sich dem Besucher, der die 418 Stufen hinaufgestiegen ist, diese einzigartige Aussicht nach Westen auf die weit ins Meer vorgeschobene Stadt.

In den Sommermonaten fährt die Hurtigrute am zweiten Reisetag durch den großartigen Geirangerfjord. Hier passiert die M/S „Finnmarken" den Wasserfall „Die Sieben Schwestern".

Kapitäne und Offiziere der Hurtigruten-Schiffe sind erfahrene Nautiker und haben ihre tückische norwegische Küste sicher im Griff.

Die „Kong Harald" in Kristiansund. Im Vordergrund lagern Salzsäcke aus der EU für die Fischindustrie. Kristiansund hat verschiedene Handelsepochen erlebt. Es wurde Holz verkauft und später Hering. Heute wird viel Kabeljau von den Lofoten aufgekauft und als Klipp- und Stockfisch exportiert.

Während sich das Gehirn eines Schiffes auf der Brücke befindet, schlägt sein Herz tief unten im Maschinenraum. Über 12.000 PS (9.000 kW) starke Dieselmotoren treiben dort die Schiffe der neuen Generation an.

KONG HARALD

# DER DRITTE TAG

In welcher anderen Stadt
fließt mitten durch das Zentrum
ein sauberer Lachsfluß?

Sechs Stunden lang bleiben wir heute in Trondheim. Die Zeit reicht für Kurzbesichtigungen in der tausendjährigen ehemaligen Königsstadt. An Bord wird auch eine Stadtrundfahrt mit mehrsprachiger Führung angeboten.

Trondheim wurde 997 vom Wikingerkönig Olav Tryggvason gegründet und war Norwegens erste Hauptstadt. Zunächst hieß die Stadt Nidaros. Glaubt man den alten Wikingersagas, dann segelte Leif Eriksson von Nidaros aus nach Nordwesten und entdeckte bei Neufundland Nordamerika – fast 500 Jahre vor Kolumbus. Im elften Jahrhundert begann man mit dem Bau der gewaltigen Nidaros-Domkirche, die als größtes mittelalterliches Bauwerk in Nordeuropa angesehen wird. Heute ist Trondheim eine moderne Universitäts- und Forschungsstadt sowie ein wichtiges Handelszentrum in Mittelnorwegen.

Bevor wir uns in die schöne Stadt begeben, sollten wir unser Hurtigruten-Schiff vom Nachbarkai aus fotografieren, denn es präsentiert sich großartig in der Morgensonne und gleich dahinter sieht man das südgehende Schwesterschiff.

Mein Vorschlag ist ein Stadtbummel am Radisson SAS Royal Garden Hotel vorbei und dann gleich nach links auf der Bakkebru über den Nidelva. Nach der Brücke rechts halten. Von hier hat man – besonders am frühen Vormittag – den schönsten Blick auf die alten Speicherhäuser, die sich im blauen Wasser des Nidelva spiegeln. Auf der nächsten Brücke, der Gamle Bybrua mit ihren eindrucksvollen Holzornamenten aus dem 19. Jahrhundert, wechseln wir wieder zur Innenstadt und erreichen nach wenigen Minuten den Nidarosdom. Jetzt geht es über die Munkegate zum Hauptplatz Midbye, wo sich die Touristeninformation befindet, und weiter geradeaus zur königlichen Residenz Stiftsgården, einem großartigen Holzhaus mit 70 Zimmern auf zwei Etagen und 1.450 Quadratmetern Grundfläche.

Von hier aus bummeln wir durch die Geschäftsstraßen mit guten Einkaufsmöglichkeiten zum Bahnhof und zurück zum Kai. Ein Stadtplan liegt übrigens für alle Hurtigruten-Passagiere an der Rezeption bereit.

Bei der Ausfahrt passieren wir die alte Kloster- und Festungsinsel Munkholmen. Am Nachmittag erleben alle Passagiere
die erstaunliche Fahrt durch den engen Stokksund, eine navigationstechnische Meisterleistung des Kapitäns und seines Steuermannes, die in diesem Klippenlabyrinth mit der Genauigkeit eines Uhrmachers arbeiten. Genau hier griff der deutsche Kaiser Wilhelm II. seinem Lotsen ins Steuerrad. Der aber behielt die Nerven und schickte den Kaiser mit folgenden Worten zur Seite: „Hier hilft es nichts, Kaiser zu sein, hier bin ich der Boss." Für diesen Zwischenfall schenkte Kaiser Wilhelm seinem Steuermann eine goldene Uhr.

Trondheim:
Alte Speicherhäuser am Ufer des Nidelva. Im Hintergrund ist die Spitze der Domkirche zu erkennen.

FISHRESTAURANT
PUB & BAR

RICHARD WITH
NARVIK
3

Auch zu später Stunde, wenn auf der Hurtigrute die Mitternachtssonne scheint, herrscht an Deck noch gelöste Stimmung. Je später der Abend, desto eindrucksvoller werden die Lichtstimmungen auf dem und um das Schiff. Wer schlafen geht, versäumt einen großartigen Teil der Hurtigrute.

Nachfolgende Doppelseite: Mitternacht: Die untergegangene Sonne strahlt auf den Wolkenrändern am Horizont und läßt Gralsburgen und Märchenschlösser wie eine Fata Morgana entstehen. Zeit zu träumen!

# DER VIERTE TAG

Das Städtchen Brønnøysund können wir mit gutem Gewissen verschlafen, denn südgehend legen wir hier am Nachmittag für eine Stunde an.

Gleich nach dem Frühstück passieren wir den Polarkreis auf 66 Grad 33 Minuten nördlicher Breite. Ab hier scheint im Sommer die Mitternachtssonne. Von Steuerbord sehen wir in den weiten Melfjord hinein und erkennen im Landesinneren den blendendweißen Gletscher Svartisen. Eigentlich sind wir jetzt so weit nach Norden gefahren, daß alles Land von Eis und Schnee bedeckt sein müßte. Aber der Golfstrom reicht bis nach Nordnorwegen und rettet das Land vor polarer Kälte. Der Svartisen ist hier eine Ausnahme und ein lohnendes Ziel. An Bord der Hurtigruten-Schiffe wird in den Sommermonaten ein Ausflug zum Gletscher angeboten. An Steuerbord legt der kleine Kutter an und holt die Gletscherpassagiere ab, um sie direkt zum ewigen Eis zu bringen. Per Bus geht es dann zurück zum Schiff, das man am Nachmittag in Bodø wieder erreicht.

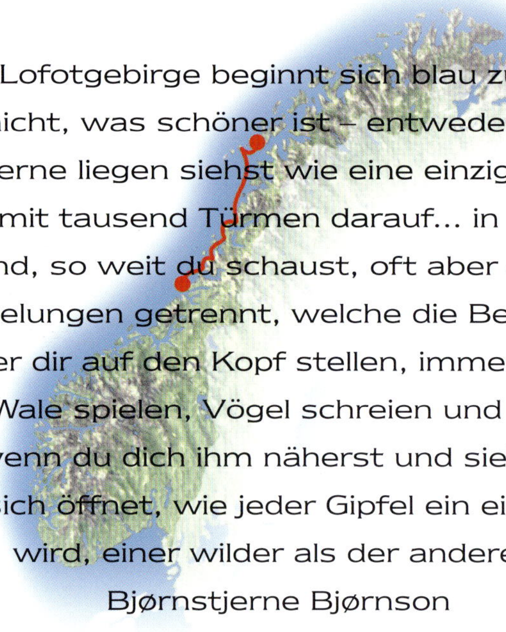

„Das Lofotgebirge beginnt sich blau zu färben. Ich weiß nicht, was schöner ist – entweder wenn du es in der Ferne liegen siehst wie eine einzige tiefblaue Mauer mit tausend Türmen darauf... in der Sonne leuchtend, so weit du schaust, oft aber auch durch Luftspiegelungen getrennt, welche die Bergketten vor und hinter dir auf den Kopf stellen, immerzu fließend, während Wale spielen, Vögel schreien und niederstoßen – oder wenn du dich ihm näherst und siehst, wie die Mauer sich öffnet, wie jeder Gipfel ein eigener Berg wird, einer wilder als der andere."

Bjørnstjerne Bjørnson

Wer an diesem Ausflug nicht teilnimmt, hat in Bodø zwei Stunden Zeit für einen Stadtbummel. Die Stadt mußte nach dem Zweiten Weltkrieg völlig neu aufgebaut werden. Bodø verfügt über einen wichtigen Flugplatz für zivile Luftfahrt und für das Militär. Von hier aus pendeln auch kleine Flugzeuge hinüber zu den Lofoten.

Wir stechen um 15 Uhr in See, um den Vestfjord zu überqueren, und sehen schon bald die Zinnenreihe der Lofoten vor uns, die wie eine uneinnehmbare Wand aus dem Meer ragt. In Wahrheit sind die Lofoten ebenso wie die Vesterålen kleine alpine Inselgruppen mit malerischen Fischerorten, windgeschützten Buchten und schönsten Sandstränden. Für Renate und mich werden sie schnell zu einem landschaftlichen Höhepunkt der gesamten Hurtigrute, zu dem wir gerne zurückkehren möchten, möglichst auch im Winter.

Die Lofotenwand erstreckt sich über fast 100 Kilometer mit schneebedeckten Gipfeln und markanten Granitzacken wie ein dem Westwind trotzendes Bollwerk vor dem offenen Atlantik. Und dieses Bollwerk ist zur Heimat der Lofotfischer geworden, denn es liegt mitten in der reichgefüllten Speisekammer des Meeres.

„Dies hier ist kein Essen, das ist ein Hochzeitsmahl", ruft der Fischer genießerisch aus, als er nach einem harten Tag auf See von seiner Frau Eintopf aus gekochtem Dorsch mit köstlicher Leber und frischem Rogen zu essen bekommt, dazu gibt es natürlich norwegischen Linie Aquavit!

Wilde Wolkenfetzen jagen vor der blassen Sonne ostwärts, als unser Schiff in den geschützten Hafen von Stamsund einläuft. Hier haben wir nur eine halbe Stunde Aufenthalt, dann geht es weiter nach Svolvær, das wir bei Sonnenuntergang erreichen. Nachts fahren wir durch den Raftsund zu den Vesterålen. Der berühmte Trollfjord, nur zwei Kilometer lang und 100 Meter breit, geht als Nebenarm vom Raftsund ab und läßt sich in seiner landschaftlichen

Großartigkeit kaum überbieten. Es sieht aus, als hätte ein Riese mit der Axt in die Felsen gehauen und sie gespalten.

Eigentlich stehen Lofoten und Trollfjord erst südgehend auf dem Programm, denn dann fährt das Hurtigruten-Schiff bei schönster Nachmittagssonne in den Trollfjord hinein, während die Passagiere die tausend Meter hohen Felswände von der Reling aus fast berühren können. Von Svolvær aus wird allen Fahrgästen eine Bustour durch den schönsten Teil der Lofoten bis Stamsund angeboten – natürlich mit einem Abstecher zum Bilderbuchhafen des Fischerdorfes Henningsvær.

Die Hurtigruten-Kapitäne sind erstaunlich flexibel. So erleben wir es bei einer Juni-Reise auf der „Richard With“, daß der Kapitän sein Schiff nordgehend genau um Mitternacht in den Trollfjord steuert – obwohl das im Fahrplan nicht vorgesehen ist. Die Schatten der Nacht liegen bereits auf dem spiegelglatten Wasser, nur die Bergspitzen glühen in über tausend Meter Höhe unter der Mitternachtssonne. Tief beeindruckt stehen Renate und ich an der Reling und denken an die berühmte Trollfjordschlacht, die 1890 in diesem wirklich entlegenen Gewässer stattgefunden hat. In Henningsvær hatten einige hundert Lofotfischer wochenlang vergeblich auf den Kabeljau gewartet. Plötzlich konnten sie beobachten, daß Seevögel in großer Zahl nach Osten aufbrachen. Die Fischer folgten ihnen bis zum Raftsund und erfuhren dort, daß im Trollfjord gewaltige Fischschwärme gesichtet worden waren. Der war aber voller Eis, so daß die Lofotfischer mit ihren kleinen Booten nicht eindringen konnten.

Der reiche Geschäftsmann Ole Johann Kaarbø, dem mehrere große Dampfschiffe gehörten, war ebenfalls im Raftsund unterwegs und den Fischschwärmen auf den Fersen. Die Fischer baten ihn, das Eis im Trollfjord für sie aufzubrechen. Das gelang zunächst nicht, aber Kaarbø versprach, ein noch größeres und stärkeres Dampfboot zu holen und als Eisbrecher einzusetzen. Für diese Leistung sollten die Fischer je eine Krone für ihre kleinen Fischerboote an Kaarbø bezahlen. Sie lehnten verärgert ab. Daraufhin legte Kaarbø ein Sperrnetz quer über den Fjord unmittelbar vor die Eiskante und forderte von jedem Boot, das im abgesperrten Bereich fischen wollte, die Hälfte des Fanges für sich. Einige Fischer willigten zähneknirschend ein. Plötzlich brach ein gewaltiger Sturm das Eis auf, und niemand dachte mehr an die Abmachung mit Kaarbø. Etwa 600 Fischerboote drangen so schnell sie konnten, in den Trollfjord ein. Daraufhin riegelte Kaarbø den gesamten Fjord mit vier Dampfschiffen und zwei Netzbooten ab. Die „Kleinen“ waren aber in der Überzahl und kämpften sich mit Rudern und Bootshaken den Zugang zu den Fischschwärmen frei. So wurde die Schlacht zum klassischen Kampf der Lofotfischer gegen das Großkapital – und die „Kleinen“ trugen sogar den Sieg davon, weil sie um ihre nackte Existenz rangen. Aber dieser Sieg konnte die neue Zeit der großen Dampfschiffe natürlich nicht aufhalten.

Henningsvær auf den Lofoten.

Die norwegischen Künstler Gunnar Berg und Erik Haar haben die Trollfjordschlacht beeindruckend gemalt – für das Rathaus in Svolvær und für die Lobby auf der „Richard With“.

Auf dem Achterdeck der „Richard With“ gibt es in dieser recht frischen Juninacht köstliche heiße Trollfjordsuppe und dazu Glühwein. Näher kann man den norwegischen Trollen wirklich nicht kommen.

Der Svartisen gehört zu den größten Gletschern Norwegens und kann während der Sommersaison von den Hurtigruten-Schiffen aus besucht werden. Svartisen ist kein Überrest der letzten Eiszeit, die vor knapp 9.000 Jahren zu Ende ging. Der Gletscher bildete sich durch große Niederschlagsmengen vor etwa 2.500 Jahren und bietet „Eis zum Anfassen“.

Die neue M/S „Trollfjord“ südgehend vor der Lofotenwand.

Auf der Fahrt über den Vestfjord taucht nordgehend kurz vorm Stamsund die mächtige Lofotwand wie ein Gebirge aus dem Meer auf. In Wahrheit handelt es sich um viele kleine Inseln mit alpinem Charakter, die in den Monaten Februar und März zum Eldorado der Lofotfischer werden.

Große Mengen Kabeljaus werden auf Holzgerüsten getrocknet und zu Stockfisch für den Export in alle Welt verarbeitet. Der Kabeljau – so heißt der Dorsch nach der Geschlechtsreife – wird nach dem Fang geköpft und ausgenommen und dann für acht bis zehn Wochen an der Luft getrocknet. Dabei verringert sich sein Wassergehalt um 80 Prozent. Der Nährwert steigt erstaunlich, der von einem Kilogramm Stockfisch entspricht dem von fünf Kilogramm Frischfisch.

Im Wikingermuseum in Borg präsentieren Studenten in der Tracht ihrer Vorfahren typische Handwerkskünste der Wikinger: Weben, Spinnen, Lederarbeiten, Holzschnitzereien, Schmieden – und natürlich wird in guter Wikingertradition auch für die Besucher gekocht.

Hotel
Anker

Mitternacht im Hafen von Svolvær, des Hauptverkehrsknotenpunktes der Lofoten (mit Flugplatz). Svolvær gehört zu den größten Fischereigemeinden Nordnorwegens und verfügt über alle Versorgungsmöglichkeiten, Mietwagenservice und mehrere gute und sehr gute Hotels. Vom Hafen aus können auch Wasserflugzeuge für Rundflüge gechartert werden.

Die „Nordnorge“, das Flaggschiff der Hurtigruten-Flotte, fährt südgehend in den Trollfjord ein. Die fast senkrechten Felswände an Steuerbord sind 1.000 Meter hoch. Der Trollfjord ist eine Sackgasse, und das Wendemanöver am engen Fjordende ist immer wieder eine Meisterleistung von Kapitän und Steuermann.

Einfahrt der „Kong Harald“ in den engen Trollfjord gegen die Nachmittagssonne. Diese Touristenattraktion ist nur im Sommer möglich, im Winter ist der Fjord oft voller Treibeis, und Lawinen gefährden Schiff und Passagiere.

Das Gemälde von Erik Haar in der Lobby der „Richard With“ zeigt die berühmte Trollfjordschlacht, in der die Lofotfischer erbittert gegen die neuen Dampfschiffe und das damit verbundene Großkapital kämpften.

# DER FÜNFTE TAG

„Ich mag kein Tourist in Tromsø sein.
Ich möchte dort ein Reeder sein oder ein Pelzhändler,
ein Bootsführer oder ein Schiffsbauer, ein Fischer oder
ein Postbote. Oder ich möchte dort einen schwarzen
Winter lang in einem Holzhaus an einem Tisch sitzen.
Es ist ein Platz für Philosophie."
Alfred Andersch

Nach einem Blick auf den Fahrplan sollte man meinen, die gesamten Vesterålen könne man – nordgehend – getrost verschlafen. In Stokmarknes legen wir um 0.45 Uhr an, in Sortland um 2.15 Uhr und in Risøyhamn um 4.20 Uhr. Wir befinden uns aber fast auf dem 69. Breitengrad, und da scheint im Juni und Anfang Juli die Sonne 24 Stunden lang. Das Panoramabild von Risøyhamn auf den Seiten 60/61 ist beispielsweise Ende Juni um 4.30 Uhr, also lange vor dem Frühstück, von der fast tausend Meter langen Brücke zwischen den Inseln Hinnøya und Andøya aus aufgenommen. Den Hafen von Øksfjord auf der Seite 70 habe ich eine Stunde vor Mitternacht fotografiert. Ein Fotograf hat kein leichtes Leben, denn das schönste Licht gibt es immer dann, wenn andere Menschen ins Bett gehen oder noch schlafen. Diese Grundregel gilt ganz besonders für die Breiten nördlich des Polarkreises.

Trotzdem ist es so, daß wir die Vesterålen südgehend erst richtig erleben. Dann liegt unser Schiff eine Stunde lang in Stokmarknes; Zeit genug für das nur fünf Minuten vom Hafen entfernte Hurtigrutenmuseum, das vor allem an den „Vater von Hurtigruten" Richard With erinnert. Daß aus seiner Pionierfahrt einmal „die schönste Seereise der Welt" werden könnte, ahnte er damals sicherlich noch nicht. In Nordnorwegen blieben die Menschen auf ihren Höfen und froren im Winter lieber, als sich im Herbst den Zugvögeln nach Süden anzuschliessen. Mit den Hurtigruten hatte Richard With endlich eine regelmäßige und sichere Verbindung zu ihnen hergestellt.

Die Vesterålen sind grüner als die Lofoten, vor den Berghängen liegt ein fruchtbarer Landwirtschaftsgürtel, und im Sommer haben wir dort wunderschöne bunte Blumenwiesen vorgefunden: Wollgras, Sumpfdotterblumen, Engelwurz, die Tromsøpalme, Feuerlichtnelken, Steinbrechgewächse und vieles mehr.

In Risøyhamn verläßt Hurtigruten die Inselgruppe der Lofoten und Vesterålen und wendet sich ostwärts nach Harstad. Dort liegen wieder zwei Hurtigruten-Schiffe nebeneinander am Kai, das nord- und das südgehende.

Zu den großen Söhnen der Stadt gehört Hans Egede, bekannt als „Grönlandapostel", der im 18. Jahrhundert auszog, um aus heidnischen Wikingern gute Christen zu machen. Da er aber auf Grönland keine Wikinger mehr vorfand, missionierte Hans Egede die Eskimos. Sein Denkmal steht in Harstad vor der Kirche, nur zehn Gehminuten vom Hafen entfernt. Bevor wir am Nachmittag Tromsø erreichen, legen wir noch für 45 Minuten in Finnsnes an. Hier gibt es eine Bananenreiferei – kein Wunder bei 24 Stunden Sonnenschein am Tag!

Tromsø – hier haben wir fast vier Stunden Aufenthalt – schmückt sich mit vielen Attributen: das „Paris des Nordens", „Eismeerstadt" oder das „Tor zum Polarmeer". Der Vergleich mit Paris stammt übrigens von einem Deutschen, der Tromsø um die Jahrhundertwende besuchte, die Bezeichnungen „Eismeerstadt" oder „Tor zum Polarmeer“ liegen auf der Hand; wir haben den 70. Breitengrad fast erreicht.

Zu den neuen Wahrzeichen der Stadt gehört die Tromsdal-Kirche, auch „Eismeerkathedrale“ genannt, die 1965 eingeweiht wurde. Das imposante Bauwerk ist schon von weitem sichtbar, gleich, ob man per Schiff, per Flugzeug oder per Auto nach Tromsø kommt. Die seitlichen weißen Flächen erinnern tatsächlich an einen treibenden Eisberg. Das Kirchenschiff hat 720 Sitzplätze. Besonders eindrucksvoll ist das gewaltige 140 Quadratmeter große Glasmosaik über dem schlichten Altar. Elf Tonnen Glas sind auf 86 Rechteckflecken verteilt. Das Kunstwerk stammt von Viktor Sparre, der dem nüchternen Betonbau eine Seele geben wollte. Das Motiv ist Christi Wiederkehr in Herrlichkeit und Licht.

Natürlich gehört der Südpolbezwinger Roald Amundsen zu Norwegen und vor allem zum Norden. Roald Amundsen startete 1928 mit seinem Wasserflugzeug „Latham“ von Tromsø aus, um seinen italienischen Kollegen und Rivalen Umberto Nobile zu suchen. Nobile wurde gerettet, Amundsen kehrte von diesem Flug nicht mehr zurück.

Nur fünf Minuten vom Kai entfernt befindet sich das hochinteressante Polarmuseum, und seit 1998 kann man Polaria besuchen, eine gelungene Show über Arktis und Antarktis mit Caprinos sehenswertem Panoramafilm über Svalbard.

Die Zeit reicht auch noch, um mit der Gondel auf Tromsøs Hausberg, den 420 Meter hohen Storsteinen, zu fahren. Eine schönere Aussicht auf das „Paris des Nordens“ gibt es sicherlich nicht. Die Stadt selbst liegt auf der Insel Tromsøya und ist über eine 1.000 Meter lange Brücke mit dem Festland verbunden. Der ereignisreiche Tag ist nach dem Ablegen in Tromsø noch nicht zu Ende. Wir sollten an Deck bleiben, und zwar auf der Steuerbordseite. Eine halbe Stunde nördlich von Tromsø, wenn wir aus dem Grotsund in den Ullsfjord kommen, taucht im Osten ein hohes Gebirgsmassiv aus dem Meer, die Lyngen-Alpen. Ein wahres Wander- und Kletterparadies für Bergsteiger aus ganz Norwegen mit Gipfeln bis zu 1.500 Meter über dem Meer.

Spät am Abend erreichen wir den großartigen Naturhafen Skjervøy mitten in einer gewaltigen Bergwelt. Hier läßt die Mitternachtssonne zu so später Stunde noch die schneebedeckten Gipfel um die Stadt herum leuchten. Wir haben diesen Tag um 4.00 Uhr bei strahlendem Wetter in Risøyhamn auf den Vesterålen begonnen, beim Ablegen in Skjervøy ist es 23.00 Uhr. Wann soll man auf der Hurtigrute überhaupt schlafen? Trotzdem gönnen wir uns noch ein Glas Rotwein, denn die vielen Eindrücke des wahrlich langen Tages müssen erst einmal verdaut werden.

Wollgraswiesen auf den Vesterålen. Die Vesterålen sind grüner als die Lofoten. Vor den Berghängen liegt dort ein fruchtbarer Landwirtschaftsgürtel, auf dem im Sommer Blumenwiesen leuchten.

Die Lyngen-Alpen mit 1.500 m hohen Gipfeln liegen nördlich von Tromsø und sind ein Wander- und Kletterparadies für Naturfreunde aus ganz Norwegen.

Folgende Doppelseite:
In Tromsø bringt uns die Gondel einer Drahtseilbahn auf den 420 m hohen Storsteinen mit wunderschöner Aussicht über die „Eismeerstadt“. Vor der Tromsbrua ist die Tromsdal-Kirche zu erkennen, jenseits der Brücke liegt das eigentliche Stadtzentrum um den Hafen herum.

Die Kirche von Tromsdal heißt im
Volksmund „Eismeerkathedrale".
Die Vorderseite ist 35 m hoch, das Dach
besteht aus weißen Betonplatten,
die an einen treibenden Eisberg erinnern.

Roald Amundsen, Bezwinger der Nordwest- und der Nordost-Passage sowie des Südpols, startete 1928 mit einem Wasserflugzeug von Tromsø aus, um seinen Rivalen und Kollegen Umberto Nobile zu suchen. Von dieser Mission kehrte Amundsen nicht zurück. Die Büste des großen Norwegers steht vor dem Polarmuseum in Tromsø.

Das Glasmosaik der Kirche von Tromsdal ist 23 m hoch und bedeckt 140 $m^2$.
Elf Tonnen Glas sind auf 86 Rechteckflecken verteilt.
Das Kunstwerk stammt von Viktor Sparre und wurde 1972 eingeweiht.

Der kleine Fischerhafen Øksfjord – Ende Juni um 23 Uhr fotografiert. Wir befinden uns hier bereits über 70 Grad nördlicher Breite. Der bunte Ort ist durch eine 40 km lange Straße mit der E6 verbunden, dennoch verirren sich kaum Fremde hierher. Die Zeit scheint in Øksfjord stehengeblieben zu sein.

Vorhergehende Doppelseite: Natur pur – Berglandschaft am Øksfjord. Der Gebirgszug im Hintergrund erreicht eine Höhe von über 1.200 Metern und ist teilweise vergletschert.

Die M/S „Finnmarken" fährt durch die Mitternachtssonne nach Norden.

In der knappen Stunde zwischen Sonnenuntergang und -aufgang glüht der Himmel rot, violett und purpur. Das gewaltige Farbenspiel wurde erst gegen Morgen durch eine Regenfront unterbrochen.

# DER SECHSTE TAG

Das Bild auf Seite 70 zeigt etwas von der Schönheit der kleinen Fischersiedlung Øxfjord, die sehr isoliert liegt und schon deshalb ihren charmanten Charakter behalten hat. Wir legen hier mitten in der Nacht für nur 15 Minuten an. Aber während der An- und Abfahrt werden die über 1.000 Meter hohen verschneiten Gipfel und Hänge im Westen, die den Øksfjordjøkelen umgeben, von der Mitternachtssonne herrlich angestrahlt. Im Sommer geht dort oben eben nie das Licht aus.

Lange vor dem Frühstück erreichen wir Hammerfest, die nördlichste Stadt der Welt, die auch erst südgehend „dran ist“. Jetzt bleiben wir über zwei Stunden, aber die Stadt schläft noch. Dennoch liegt die Sonne bereits über den Schiffen und auf den alten Speicherhäusern im Hafen. Renate und ich sausen mit Kamera und Stativ los, um uns die Havannas, die meine Frau allerdings gar nicht mag, redlich zu verdienen. Und es lohnt sich.

„Dieser stolze Berg ist der letzte Stein in einem silberglänzenden Diadem, welches das Haupt der skandinavischen Halbinsel krönt.“
König Oscar II., 1873 am Nordkap

Hammerfest liegt so weit nördlich wie Point Barrow in Alaska. Und dort wohnen nur wenige Eskimos bei Temperaturen, die selbst im Sommer kaum über den Gefrierpunkt steigen. Hier in Hammerfest wachsen dagegen Blumen, und Norweger sowie Touristen sitzen in T-Shirts draußen vor den Restaurants, Kneipen und Eisdielen. Südgehend liegt das Hurtigruten-Schiff 90 Minuten lang in Hammerfest, und die Passagiere können die wenigen Stufen zum 80 Meter hoch gelegenen Aussichtspunkt Salen direkt über der Stadt hochlaufen, den Eisbären-Club am Hafen und die Hammerfest Kirche (nur sechs Gehminuten) besuchen. Deren gesamte Altarwand ist eine Glasmalerei des Künstlers Jardar Lunde. Darunter befindet sich ein Mosaik aus norwegischem Naturstein, das Jesu Einzug in Jerusalem, das letzte Abendmahl und die Gefangennahme in Gethsemane zeigt. Beide Seitenwände der Kirche sind ebenfalls mit Glasbildern geschmückt, die christliche Symbole in raffinierten Farbkombinationen und eindrucksvollen Lichteffekten darstellen.

Rentiere mitten in der Stadt signalisieren, daß wir Lappland erreicht haben. Die Lappen – oder Samen – sind eine ethnische und sprachliche Minderheit in Norwegen. Sie kamen einst als Nomaden aus Asien und viele von ihnen leben auch heute noch nach dem Rhythmus, den ihre wandernden Herden vorgeben.

Als Sommergast kann man sich gar nicht vorstellen, daß in Hammerfest vom 21. November bis zum 23. Januar völlige Dunkelheit herrscht.

Nächste Anlegestelle ist Havøysund, ein Fischereizentrum für die zahlreichen Inseln der Umgebung. Heute sind so entlegene Küstenorte wie Havøysund durch Allwetterstraßen mit der E6 Oslo–Kirkenes verbunden. Dennoch dauert eine Autofahrt von Havøysund bis nach Hammerfest – das sind etwa 120 Kilometer – länger als zwei Stunden. Mit dem Hurtigruten-Schiff geht es genauso schnell, aber die Reise ist bequemer und auch preiswerter.

Das Nordkap ist die Nordspitze der Insel Magerøya, und im Süden dieser Insel liegt Honningsvåg, wo die 34 Kilometer lange Nordkapstraße beginnt. Die Hurtigrute verläuft nicht um das berühmte Kap – normalerweise. Während einer Frühjahrsreise mit der „Kong Harald" änderte Kapitän Halvor Vinje seinen Fahrplan kurzentschlossen und fuhr von Havøysund um das Kap nach Honningsvåg – weil das Wetter so schön war und um seinen Passagieren etwas Besonderes zu bieten. Natürlich ertönte unmittelbar unter dem Kap das Schiffstyphon dreimal. Den Fahrplan hat die „Kong Harald" an diesem Tag wieder eingeholt.

Für Honningsvåg – dort kann man sein Hurtigruten-Schiff wunderbar von der gegenüberliegenden Fiskergata fotografieren – sind über fünf Stunden eingeplant und natürlich auch eine Busfahrt zum Kap. Im April ist die Straße nur 21 Kilometer weit offen, die letzten 13 Kilometer fuhr ein Schneepflug vor unserem Bus her. Ab Mai gibt es da keine Probleme mehr. Im Frühjahr werden

Der Stockfisch wird am Øksfjord durch Netze vor hungrigen Möwen geschützt.

3.000 bis 4.000 Rentiere der Samen mit Landungsfahrzeugen der norwegischen Armee zu den Sommerweiden nach Magerøya gebracht. Im Herbst schwimmen die Tiere zusammen mit ihren Kälbern zum Festland zurück und ziehen dann zu den schneebedeckten Ebenen von Karasjok an der finnischen Grenze. Von der Nordkapstraße sehen wir kleine und große Rentierherden in unmittelbarer Nähe. Wir passieren den 71. Breitengrad und erreichen am Ende des Plateaus das Kap genau bei 71 Grad Nord 10 Minuten 21 Sekunden nördlicher Breite. Bis zum Nordpol sind es noch 2.080 Kilometer. Hier scheint die Mitternachtssonne vom 12. Mai bis zum 1. August.

Wir besuchen die 1990 eröffnete Nordkaphalle mit Restaurant, Souvenirladen, Postamt mit Sonderstempel, einer Hochzeitssuite – warum nicht die Hochzeitsnacht bei Mitternachtssonne verbringen? –, ökumenischer Kapelle und dem Theater für den Multivisionsfilm „Nordkap" von Caprino. Aus der klimatisierten Halle treten wir wieder ins Freie – nach Norden, zur Weltkugel, die unmittelbar vor dem 300 Meter tiefen Abgrund zum nördlichen Eismeer steht.

Das also ist Europas „Ultima Thule", das weltberühmte Nordkap, das der britische Seefahrer Richard Chancellor 1533 auf der Suche nach der Nordost-Passage passiert und „Northcape" getauft hat. 100 Meter weiter westlich liegt die unscheinbare Landzunge Knivskjellodden, sie ragt noch weitere 1.500 Meter nach Norden. Aber eine Landzunge ist eben kein Kap – und dort gibt es ja auch weder Sonderstempel noch Souvenirs und auch keine Suite für eine Hochzeitsnacht.

Wunderschön ist die Einfahrt am Abend in den Hafen von Kjøllefjord. Dort liegt der an eine Kirche erinnernde Felsen Finnkjerka, und wenn man zur rechten Jahreszeit unterwegs ist, kann man den feuerroten Ball der untergehenden Sonne direkt über der „Kirche" erleben.

Vor dem Schlafengehen legen wir noch einmal kurz im Fischerdorf Mehamn an. Wer dort einmal übernachtet, sollte im Hotel unbedingt das Zimmer 301 buchen, dann schläft er im nördlichsten Hotelzimmer des europäischen Festlandes.

BINGO

Das Hurtigruten-Schiff
erreicht Hammerfest,
die nördlichste Stadt der
Welt. Nordgehend legt
Hurtigruten frühmorgens
für gut zwei Stunden
in Hammerfest an,
südgehend für etwa zwei
Stunden über Mittag.

Die Hammerfest Kirche wurde 1961 eingeweiht und bietet 500 Personen Platz. Unter dem dominierenden Glasgemälde befindet sich ein Mosaik aus norwegischem Naturstein. Es zeigt Jesu Einzug in Jerusalem, das letzte Abendmahl und die Gefangennahme in Gethsemane.

Folgende Doppelseite:
Die neue M/S „Finnmarken“ liegt im Hafen von Honningsvåg. Hier beginnen Busfahrten zum 34 km entfernten Nordkap.

FINNMARKEN
FINNMARKEN

LOS

Das Nordkap von der „Richard With“ aus fotografiert. Der Felsen ragt 307 m über das Meer und liegt 71° 10’ 21’’ nördlich des Äquators. 1929 wurde am Fuß des Felsens eine Anlegestelle gebaut und später sogar eine Treppe mit 1.008 Stufen hinaufgeführt. Besucher mußten den mühsamen Aufstieg zum Plateau auf sich nehmen. Erst 1956 wurde die Straße von Honningsvåg zum Nordkap fertiggestellt.

Die Mitternachtssonne am 22. Juni um 1 Uhr. Beim tiefsten Stand um 0.00 Uhr (Sommerzeit 1.00 Uhr) steht die Sonne immer noch eine knappe Daumenbreite über dem Horizont. Die Mitternachtssonne scheint hier vom 13. Mai bis zum 21. Juli. Vom 20. November bis zum 23. Januar bleibt sie unter dem Horizont.

Am Abend legt das Hurtigrutenschiff in Mehamn an. Hier befindet sich das nördlichste Hotel auf dem europäischen Festland. Das Bild entstand kurz nach Sonnenuntergang, die Berge werden von roten Abendwolken leicht angestrahlt.

Der gewaltige Metallglobus auf der Insel Magerøya markiert die nördlichste Felsspitze des europäischen Festlandes und ist in den Sommermonaten Ziel unzähliger Touristen aus aller Welt.

# DIE FELSBILDER VON ALTA

Wer in Hammerfest die Hurtigrute unterbricht und archäologisch interessiert ist, sollte unbedingt ins nahe Alta reisen. 1973 wurden dort 42 Felder mit etwa 1.700 Felszeichnungen entdeckt. Die UNESCO hat diese Fundstätte 1991 in ihre „World Heritage-Liste" aufgenommen.

Prähistorische Felsbilder – 3.000 bis 20.000 Jahre alt – gibt es rund um den Erdball an Plätzen, an denen es frühe menschliche Kulturen gab. Im heutigen Südafrika, in Namibia und Botswana, im Norden Australiens und am Ayers Rock sowie in der Zentralsahara (Tassili und Akakus) befinden sich weitläufige „prähistorische Kunstgalerien" von einzigartiger Vielfalt. All diese Bilder sind sehr weit entfernt von unserer Zivilisation und wurden doch früher entdeckt als die von Alta. An Klarheit, Schönheit und Alter können sich die Alta-Bilder mit dem „Rest der Welt" durchaus messen; und nirgendwo anders sind prähistorische Felsbilder so leicht zugänglich und so dicht beieinander wie hier. Sie entstanden im Mesolithikum (9.000 – 4.500 v. Chr.)

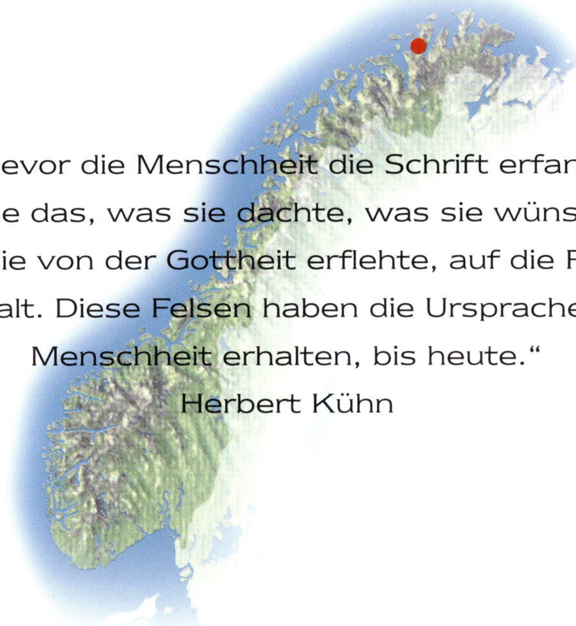

„Bevor die Menschheit die Schrift erfand, hat sie das, was sie dachte, was sie wünschte, was sie von der Gottheit erflehte, auf die Felsen gemalt. Diese Felsen haben die Ursprache der Menschheit erhalten, bis heute."
Herbert Kühn

und Neolithikum (4.500 – ca. 1.800 v. Chr.). Das sind in Norwegen die ältere und jüngere Steinzeit. Einige Darstellungen werden sogar in die frühe Metallzeit datiert. Das Alter haben Wissenschaftler aus der Lage der Bilder errechnet. Vermutlich haben die Menschen direkt am Strand auf die Felsen gezeichnet. Nach der Eiszeit hat sich das Land – befreit von der Last der Gletscher – langsam aus dem Meer gehoben. Heute liegen die ältesten Bilder von Alta 26,5 Meter über dem Wasserspiegel.

Warum gibt es gerade in Alta eine so große Ansammlung von Felsbildern? Vermutlich befinden sich in der Finnmark sogar noch weit mehr Zeichnungen unter Moosen und Gebüsch, die nur noch nicht entdeckt wurden. Alta liegt am Ende eines Fjords zwischen Küste und Inland. Deshalb kann der Ort eine beliebte Begegnungsstätte für religiöse, rituelle und zeremonielle Handlungen gewesen sein. Ein Treffpunkt also der Küstenbewohner und der Inländer. Das Alter und die Lage der Bilder sind weniger rätselhaft als ihre Bedeutung. Besonders viele Darstellungen zeigen Rentiere und auch Elche. Das läßt auf eine Jägergemeinschaft schließen. Nun wissen wir aber, daß die Menschen damals in erster Linie vom Fischfang und vom Beerensammeln lebten und Rentiere oder Elche bei der Nahrungssuche eine untergeordnete Rolle spielten. Vielleicht wurden die großen Tiere des Waldes einfach nur verehrt. Vielleicht sah man sie als Totem an und vermutete die Seelen eigener Ahnen in ihnen. Oder wollte man die Tiere durch die Zeichnungen zu den Jägern locken?

Es ist gut, daß es auch für die Wissenschaft noch viele Rätsel gibt. Alta ist eines davon.

Ein Mensch „schwebt liegend" über einem Boot mit Mannschaft. Vielleicht handelt es sich um eine zufällige Zusammenstellung – oder ist der „Schwebende" ein Schamane auf dem Weg in die geistige Welt? Das Bild wird auf 1.700 bis 500 v. Chr. datiert.

Die achteckige Festung Vardøhus ist Norwegens östlichste Bastion und wurde 1838 gegen die permanente russische Bedrohung gebaut. Schüsse wurden aus den altertümlichen Kanonen allerdings nie gegen Russen abgefeuert. Von hier aus geht es auf der Hurtigrute weiter nach Kirkenes – nach Süden!

# DER SIEBTE TAG

Kirkenes ist der arktische Endpunkt der Hurtigrute, wo der kalte Krieg immer noch gegenwärtig ist.

Nach zwei kurzen Nachtstopps in Berlevåg und Båtsfjord kommen wir früh um 5.15 Uhr auf der östlichsten Insel Norwegens in Vardø an. Um diese Zeit schläft die Stadt noch – bis auf den Hurtigruten-Kai. Aber Hurtigruten kommt ja schon am Nachmittag wieder zurück und liegt dann etwas länger im Hafen als am Morgen. Diese Zeit sollten wir unbedingt nutzen, um die nur wenige hundert Meter vom Hafen entfernte Festung Vardøhus anzusehen. Die achteckige Anlage wurde in den Jahren 1734 bis 1738 in der seltsamen Sternform gegen die russische Bedrohung aus dem Osten gebaut. Es gibt auch noch eine ganze Batterie von historischen Kanonen und Mörsern, aber Schüsse auf russische Angreifer wurden von hier nie abgefeuert. Geschossen wird aus diesen Kanonen immer am 21. Januar, wenn sich die Sonne erstmals nach dem dunklen Winter am Horizont zeigt. Dieser Tag ist in Vardø schulfrei. Übrigens: Vardø liegt östlicher als St. Petersburg und Istanbul: auf 31 Grad 10 Minuten 10 Sekunden östlicher Länge. In Vardø steht auch ein Denkmal von Fridtjof Nansen. Zu Recht, denn hier erlebte der große norwegische Polarforscher einen ganz besonderen Augenblick in seinem bewegten Leben. Während der berühmten Driftexpedition hatte Nansen zusammen mit Johannsen sein Schiff „Fram" am 14. März 1895 auf 84 Grad nördlicher Breite verlassen. Die beiden wollten mit Hundegespannen bis zum Nordpol vordringen, was aber mißlang. In Norwegen hatte man die Expedition längst abgeschrieben, und Nansen und sein Begleiter galten als verschollen. Nach einer wahren Odyssee – beschrieben in Nansens Werk „In Nacht und Eis" – tauchten die beiden Polarforscher am 13. August 1896, also ein gutes Jahr nach dem Verlassen des Schiffes, völlig überraschend in Vardø auf. Diese glückliche Rückkehr nach Norwegen beschreibt Nansen so: „Von unserem räubermäßigen Aussehen war noch so viel übriggeblieben, daß uns in Vardø niemand erkannte. Die Menschen schauten uns kaum an, und das einzige Wesen, das den zurückkehrenden Wanderern einige Aufmerksamkeit schenkte, war eine kluge Kuh, die mitten in einer engen Straße stehenblieb und uns erstaunt anstarrte, als wir an ihr vorbeiliefen. Diese Kuh hatte etwas so angenehm Sommerliches an sich, daß ich versucht war, sie zu umarmen und zu streicheln. Jetzt war ich wirklich wieder zu Hause!"

Kurz vor Mittag erreicht das Hurtigruten-Schiff seinen Endhafen Kirkenes, nur zehn Kilometer vom russischen Grenzfluß Pasvikelva entfernt.

Vom Hurtigruten-Kai zum Stadtzentrum sind es etwa 25 Minuten zu Fuß. Für Rundreisepassagiere reichen die zwei Stunden Aufenthalt, um einen kurzen Blick in die Innenstadt zu werfen. Besonders in den Souvenirgeschäften merkt man die nahe Grenze: bunte Holzpuppen und anderes Handwerk aus Rußland.

Nachdem die Rote Armee die deutschen Truppen 1945 aus Kirkenes vertrieben hatte, verlief hier eine der heißesten Grenzen zwischen Ost und West. Beide Seiten belauerten sich argwöhnisch und schüchterten sich durch militärisches Säbelrasseln gegenseitig ein. Eine Eskalation wurde schließlich durch ein sehr genaues Grenzabkommen zwischen dem Nato-Mitglied Norwegen und der Sowjetunion verhindert. Diese Abmachungen von 1945 werden auch heute noch eingehalten. Patrouillen wachen auf beiden Seiten der Grenze peinlich genau darüber, daß von den Touristen auch ja nichts Militärisches fotografiert wird. Selbst die vielen russischen Wachttürme gelten als militärische Anlagen. Ein Foto von ihnen kann den Film kosten – und weiteren Ärger bringen. Dennoch ist die Grenze an der E105 zwischen Kirkenes und Murmansk geöffnet. Hier treffen fast täglich ganze Busladungen junger russischer Frauen ein, die sich bei einsamen norwegischen Fischern ein paar Dollars verdienen wollen. Also doch noch heißer Grenzverkehr trotz des anhaltenden kalten Krieges im norwegischen Osten!

In Kirkenes findet immer auch ein Passagierwechsel statt. Viele Gäste fliegen von hier nach Hause, neue sind mit dem Flugzeug gekommen und gehen an Bord. Wir haben unser Auto mitgebracht und bummeln von Kirkenes in drei Wochen entlang der spannenden Hurtigrute nach Bergen zurück.

Die norwegisch-russische Grenze wird bei Grense Jakobselv durch den Fluß Jakobselva markiert. Der rote Pfosten am jenseitigen Ufer steht bereits auf russischem Boden.

# WINTERREISE

**Die Augen saugen sich voll mit märchenhaften, lichtdurchfluteten Schneelandschaften.**

Nichts ist erholsamer als eine Hurtigruten-Reise im Winter. Der Fahrplan von November bis April weicht nur leicht vom Sommerfahrplan ab. Ganz dunkel, also wirklich stockfinster, ist es in Norwegen auch mitten im Winter nicht. Selbst im Dezember gibt es eine zarte Morgenröte, die – ohne daß es Tag wird – in die blaue Abenddämmerung hinübergleitet. Der Hurtigruten-Fahrer erlebt dann das gewaltige Gegenstück der Mitternachtssonne: das atemberaubende Feuerwerk des Nordlichts. Stundenlang ziehen grüne oder rosa Vorhänge über den schwarzen Himmel und verzaubern den Reisenden. Aber bereits Mitte März – und dann ist noch schönster Winter in Norwegen – geht die Sonne in Hammerfest kurz nach 5 Uhr auf und erst wenige Minuten vor 18 Uhr unter. Vor und nach diesen beiden Ereignissen werden Küste und Meer in eindrucksvolle Farbstimmungen getaucht. Im Winter entwickelt sich das Licht im Norden zu einer neuen Dimension.

Während die Hektik in den Häfen beim Be- und Entladen gegenüber den Sommermonaten gleich bleibt, kehrt auf den Schiffen große Ruhe ein. Es gibt nur noch eine Essenssitzung (im Sommer sind es zwei), und in der Bar sind immer freie Plätze. Die Nächte sind angenehm lang für ein gutes Buch, für gemütliche Gespräche oder Tischspiele, zu denen man bei 24 Stunden Sonnenschein nicht kommt. Einen Logenplatz im Utsiktsalong, ein Glas Rotwein von der Bar und dazu den leidenschaftlichen Liebesroman „Victoria“ von Norwegens Literaturnobelpreisträger Knut Hamsun – das gehört zu einer Winterreise auf der Hurtigrute. Bei launischem Wetter sorgen die gute Küche, die Bars und Bibliotheken für ausgesprochene Gemütlichkeit.

Unvergleichlich schöner gegenüber dem Sommer erscheint mir auch die norwegische Küstenlandschaft unter ihrem blendendweißen Kleid, das sich bis Ende April hält. Obwohl der Golfstrom auch im Winter für angenehme Temperaturen sorgt und die Fjorde eisfrei bleiben, schenken uns die schneebedeckten Berge wahre Arktisstimmungen. Oft ist der Himmel noch blauer als im Sommer, und so dominieren die Farben Blau und Weiß in makelloser Klarheit und Transparenz, beruhigen Augen, Seele und Gemüt – weil sie so sparsam und doch so intensiv erscheinen.

„Nebel lag gleich einem grauen Ungeheuer über dem Fjord und ließ die braunviolett, rosa, blau und weiß schimmernde Landschaft in das Reich der Fabel versinken. Was fließend und schwungvoll, romantisch und phantastisch gewesen war, lag nun eingebettet in einer beklemmend tristen Kühle, die keinen Unterschied zwischen Tag und Nacht kennt und das herrliche Land zum gespenstischen Reich der Trolle und Kobolde macht.“ *

Und über diesem Nebel steigen blendend weiße Berge, umgeben von kristallklarer Luft, in den azurblauen Himmel. Hurtigruten im Winter, ist das ein Geheimtip? Nein, eher eine konsequente Folgerung aus den Naturgesetzen. Meine Bilder werden das belegen.

* C.C. Bergius in „Nebel im Fjord der Lachse“.

Die „Kong Harald“ läuft im Winter den Fischerhafen Havøysund an. Hier oben liegt der nördlichste Birkenwald der Welt. Der tiefe Winterschnee unterstreicht den arktischen Charakter dieser ausgesetzten Region.

UTLOSING KUN AV AUTORISIERT PERSON !
LIVSFARLIG !
OPENING ONLY FOR AUTHORIZED PERSONNEL !
DANGER OF LIFE !

Winterreisen sind ganz besonders erholsam – das Schiff strahlt Ruhe und die Landschaft Frieden aus.

Nachfolgende Doppelseite:
Der Raftsund im Winter.
Die Farben Blau und Weiß leuchten so klar und rein, wie wir sie bei uns zu Hause wegen der Luftverschmutzung nie mehr sehen können.

# MÄRZ AUF DEN LOFOTEN

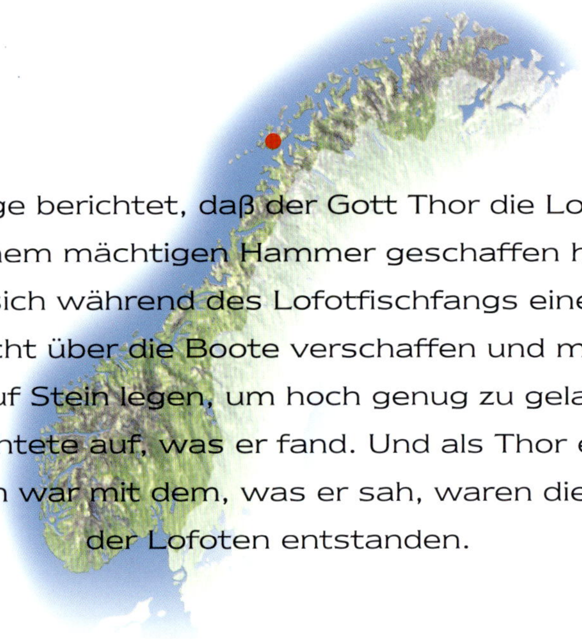

Die Sage berichtet, daß der Gott Thor die Lofoten mit seinem mächtigen Hammer geschaffen hat. Er wollte sich während des Lofotfischfangs eine gute Aussicht über die Boote verschaffen und mußte Stein auf Stein legen, um hoch genug zu gelangen. Er schichtete auf, was er fand. Und als Thor endlich zufrieden war mit dem, was er sah, waren die Berge der Lofoten entstanden.

Der Wind besitzt so viel Lautstärken, Klänge und Tonarten, immer wechselnd, herausfordernd, sich verändernd. Er kann mit gedämpften Saiten spielen, aber auch mit sturmerfülltem Crescendo; ganz in Moll oder lustig und munter in Dur. Um die Berge herum, über das Wasser, zwischen den Steinen, unter den Brücken. Solche Klänge begleiten den Lofotfischfang.

Während Reisen auf den Hurtigruten-Schiffen im Winter immer ruhiger, besinnlicher und erholsamer werden, geht es auf den Lofoten in den Monaten Februar und März hektisch zu. Der Kabeljau, so nennt man den ausgewachsenen Dorsch, wächst in der Barentssee heran und zieht im Winter nach Süden, um zu laichen. In den genannten Wintermonaten erreicht der Dorsch die Lofoten – und genau jetzt packen die Lofotfischer zu. Boote aus ganz Norwegen kommen in die kleinen Fischerorte zwischen Reine und Svolvær. 1950 wurden dort fast 150 Millionen Tonnen Kabeljau aus dem Wasser gezogen. Das war zuviel, Mitte der achtziger Jahre ging der Fang auf ein Zehntel zurück. Durch strenge Quoten hat sich der Bestand aber erholt, so daß Mitte der neunziger Jahre wieder über 30 Millionen Tonnen gefischt werden konnten. Nach dem Fang werden die Fische gesalzen, um ihnen Feuchtigkeit zu entziehen, bevor sie an der Luft – auf großen Holzgestellen – trocknen. Die steinharten Dorschmumien müssen vor dem Verzehr wieder gewässert werden. Trockenfisch von den Lofoten wird in alle Welt – sogar bis Japan – exportiert.

Zusammen mit Renate reiste ich Ende Februar auf die Lofoten. Wir waren im wunderschönen Rica Hotel – direkt im Hafen von Svolvær – ebenso wie später im urgemütlichen Bryggehotel in Henningsvær die einzigen Gäste. Dabei erlebten wir ein Wintermärchen wie aus dem Bilderbuch. Die schroffen Berge leuchteten in ihrer weißen Winterpracht unter einem tiefblauen Himmel. Davor kreuzten unzählige Fischerboote und füllten über Nacht die kleinen Häfen. Sonntags wird nicht gefischt, da bleiben die Boote am Kai und zaubern kontrastreiche Farbkleckse in die blauweiße Lofotenwelt aus Wasser, Schnee und Himmel.

Einzigartig sind auch die blauen Stunden der Abende. Die Sonne sinkt, die Boote kommen heim, und von den Ufern spiegeln sich tausend Lichter im Wasser – golden, warm, häuslich. Die Berge selbst werden so blau wie das Wasser und der Himmel, dann violett und schließlich nachtschwarz. Am nächsten Morgen sehen sie dann aus wie mit Blaubeersaft übergossen, doch bald schon folgt ein leuchtendroter Überzug, der langsam in das sauberste Weiß übergeht.

Es ist falsch, daß es Nordlicht nur im Winter gibt. Nordlichter entstehen das ganze Jahr über, nur sind sie bei Helligkeit unsichtbar. In jenem Winter sahen wir ein schönes Nordlicht trotz des Vollmondes. Wir kamen gerade vom Abendessen aus dem „Fiskekroken“ und gingen durch die engen, tiefverschneiten Gassen „heim“ zum Bryggehotel. Der volle Mond stand leuchtendhell eine Daumenbreite über der Lofotenwand im Norden. Da flammte ganz plötzlich und unvermutet der

Himmel im Westen auf. Wir begannen zu laufen, wollten den Ortsrand mit weniger künstlichem Licht erreichen. Das Nordlicht steigerte zusehends seine Intensität. Helle Strahlenvorhänge wehten heran, zuerst phosphorgrün, dann lila und schließlich rosa werdend. Die wallenden Schleier tanzten und drehten sich um ihre eigene Achse, ständig wechselten sie dabei ihre Formen und auch die Farbkraft.

Während die Lofotfischer unterwegs sind, gibt es viele Feste und Veranstaltungen. Am 25. März feiert man beispielsweise den „Großen Schnapstag". An diesem Tag hat einmal eine Aktion gegen den übermäßigen Alkoholkonsum stattgefunden – und das Gegenteil bewirkt. Heute stört sich niemand daran, wenn die Menschen gerade an diesem Tag ein wenig schwankend durch die Fischerdörfer torkeln.

Die Lofoten im Winter – das ist eine ganz neue Erfahrung für den Farbfotografen, für den Naturfreund und für den Hurtigruten-Passagier.

Frühes Licht an einem Wintermorgen in Svolvær. Der Berg Blåtind ist über 600 m hoch und das Wahrzeichen von Svolvær.

Der idyllische Fischerhafen von Hamnøy auf den Lofoten während der „blauen Stunde". Die Bilderbuchortschaft scheint ganz im Schutz der steilen Gneisgiganten zu liegen und wird doch vom offenen Meer bedroht. 1983 rissen gewaltige Brecher einen Teil der Hafenmauer fort.

Das winterliche Reine im Süden der Lofoten gehört zu den wohl schönsten Fischerdörfern Norwegens. König Olav V. zeigte sich von Reine ebenso beeindruckt wie Altbundeskanzler Helmut Schmidt, der hier im Jahr 1979 seinen Urlaub verbrachte.

Rorbuer auf den winterlichen Lofoten bei Mortsund. Diese einstigen Fischerhütten sind für den Tourismus konzipiert und weisen jeden erdenklichen Komfort auf.

Die weiße Steinkirche in Svolvær wurde 1939 mit Hilfe von Spenden gebaut.

VINMONOPOLET

TAXI

Ein Schneesturm wütet über dem Hafen von Svolvær. Das Bild entstand von meinem Balkon im Ricahotel.

Winterabend in Svolvær.

Vorhergehende Doppelseite: Wintermärchen Lofoten. Das einsame Blockhaus steht vor dem 800 m hohen Rundfjellet am Austnesfjord.

Die Lofotkathedrale bei Kabelvåg wurde 1898 vollendet und gilt als größte Holzkirche in Nordnorwegen. 1.200 Menschen finden in ihrem Inneren Platz. Diese imposante Größe wurde ganz auf den Lofotfischfang zugeschnitten.

Gasse in Henningsvær nach einem Schneesturm.

Svolvær am Abend.
Die „blaue Stunde“ zwischen
Tag und Nacht erlebt man auf
den Lofoten nur im Winter.
Im Sommer scheint die Sonne
24 Stunden am Tag.

Unterwegs im Raftsund. Genau gegenüber meinem Fotostandpunkt liegt die Einfahrt zum Trollfjord, der im Winter allerdings voller Treibeis ist und kaum besucht werden kann.

Das Bryggehotel in Henningsvær vor dem knapp 1000 m hohen Bergmassiv Vågekallen. Von den gemütlichen Zimmern dieses Hotels kann man die Lofotfischer mit ihren bunten Kuttern ein- und auslaufen sehen.

Der Lofotfischfang findet von Januar bis April statt und ist einer der größten saisonalen Fischfänge der Welt. Viele hundert Fischer kommen aus ganz Norwegen auf die Lofoten, um den Kabeljau zu fangen. Der lebt zunächst in der Barentssee und wandert im Winter nach Süden, um im Vestfjord seinen idealen Laichplatz zu finden. In den Gewässern um die Lofoten wird er von den Fischern erwartet.

PIONER 10

1.161 m hoch ist der Higravstindan am Ende des Austnesfjords. Davor die kleine Kirche von Sildpollen. Ein Lofotfischer kehrt soeben heim.

Erstes Morgenlicht über dem Fischerhafen von Henningsvær. Es ist Sonntag, da bleiben viele Fischerboote im Hafen. Normalerweise fahren sie vor Sonnenaufgang hinaus und kehren erst bei einbrechender Dunkelheit zurück.

# SVALBARD – SPITZBERGEN

Svalbard ist ein altes Wikingerwort und bedeutet „kalte Küste“. Bis heute ist nicht geklärt, ob Wikinger Spitzbergen entdeckt und besucht haben oder mit dem Begriff Svalbard nur die Packeisgrenze meinten. Weil die Sache im Nebel liegt, gilt der Holländer Barents als Entdecker jener Insel, die er 1596 auf der Suche nach der Nordost-Passage fand und aufgrund der vielen spitzen Gipfel Spitzbergen nannte.

Von der Entdeckung bis zum Anfang des 20. Jahrhunderts gab es keine Nation, der Svalbard gehörte. Der kalte Archipel war Niemandsland, und verschiedene europäische Mächte tummelten sich dort bereits im 17. Jahrhundert: Deutsche, Briten, Russen, Dänen, Schweden, Italiener, Amerikaner und Niederländer. Im Land gab es Kohle und an den Küsten „Gold“ in Form von Walen, Robben, Walrossen, Fischen, Eisbären und Polarfüchsen. Schon nach wenigen Jahrzehnten waren die Küsten leergefischt, die Landtiere fast ausgerottet – und Stille kehrte wieder ein.

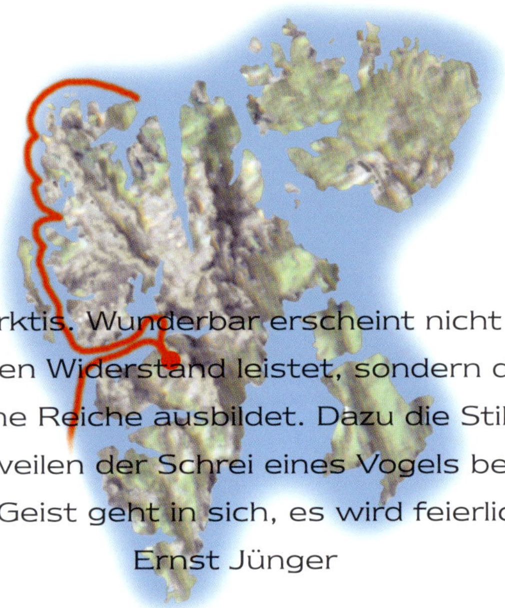

„Die Arktis. Wunderbar erscheint nicht nur, daß Leben Widerstand leistet, sondern daß es eigene Reiche ausbildet. Dazu die Stille, die zuweilen der Schrei eines Vogels betont – der Geist geht in sich, es wird feierlich.“

Ernst Jünger

Erst 1920 wurde der Svalbardvertrag von 42 Staaten unterzeichnet und Norwegen die Kontrolle über die Inselgruppe zwischen dem 74. und 81. nördlichen Breitengrad übertragen. In Svalbard leben heute nur etwa 3.000 Menschen verteilt auf fünf kleine Siedlungen, deren Hauptort Longyearbyen ist. Das Land ist also weitgehend unbesiedelt und bietet arktische Natur und Wildnis satt. In dieser Unberührtheit, in der einzigartigen Stille, liegt der große Reiz einer Spitzbergenfahrt.

Spitzbergen liegt genau auf halbem Wege zwischen Norwegen und dem Nordpol. Aus diesem Grund sind viele Expeditionen mit dem Ziel Nordpol von Spitzbergen aufgebrochen. Salomon Andrée, Umberto Nobile und Roald Amundsen sind drei klassische Beispiele.

1994 wurde das traditionelle Hurtigruten-Schiff „Nordstjernen“ mit dem ehrwürdigen Baujahr 1956 aus der Flotte ausgemustert und durch die neue „Nordlys“ ersetzt. Bis 1999 pendelte die „Nordstjernen“ in den Sommermonaten zwischen Tromsø und Spitzbergen und bot so die hochinteressante Möglichkeit, die Hurtigrute mit einer Woche Spitzbergen zu kombinieren. Der Fahrplan war ideal zusammengestellt. Nach der Ankunft des nordgehenden Schiffs legte die „Nordstjernen“ jeweils am Sonntagabend vom Hafen Tromsø ab. Am Montag wurde die Bäreninsel passiert, und am Dienstag früh erreichte das Schiff bereits Longyearbyen. Nach einigen Stunden Aufenthalt ging es weiter zum Sassen- und zum Tempelfjord und einen Tag später zum berühmten Magdalenenfjord, wo alle Passagiere an Land gehen konnten – auf die berühmte Gräberhalbinsel voller Geröll inmitten einer strahlenden arktischen Berg- und Gletscherkulisse. Nächstes Ziel war der 80. Breitengrad, und unter der Mitternachtssonne fuhr das stolze Schiff am spektakulären Monaco-Gletscher so dicht an der Eiskante entlang, daß man zum Fotografieren Weitwinkelobjektive brauchte. Einen Tag später fiel der Anker vor der Forschungsstation Ny Ålesund mit dem nördlichsten Postamt der Welt und am Nachmittag vor der russischen Kohlestadt Barentsburg. Das ist eine andere Welt. Danach trat die „Nordstjernen" die Heimreise über Longyearbyen nach Tromsø an, wo es einen direkten Anschluß an die nord- oder südgehende Hurtigrute gab. Ich war zusammen mit meinem Sohn Hardy auf einer der letzten Reisen mit dabei und fragte Kapitän Halvor Vinje, den ich schon von der „Kong Harald" kannte, bei der Sichtung unseres ersten Eisbären, ob es bei jeder Spitzbergenfahrt einen Bären für die Passagiere gibt? Der Kapitän lachte nur und antwortete: „Einen? Ich kann mich an keine Fahrt erinnern, auf der wir nur einen Eisbären getroffen hätten!" Auf jener Fahrt sahen wir fünf!

Die bewohnten Orte auf Spitzbergen erscheinen mir unwichtig, bedeutungslos angesichts der arktischen Kulisse, aus denen Gletscher intensives Licht ganz unwirklich reflektieren, die Mitternachtssonne auf unendlich weiten Packeisfeldern spielt und der Eisbär sein wahres Zuhause hat. Sicher träumt jeder Reisende davon, einem Eisbären direkt in die Augen zu schauen – natürlich vom sicheren Schiff aus.

Mich hat der König der Arktis aus der Ferne eigentlich noch stärker fasziniert. Ein winziger eierschalenfarbener Punkt im blendenden Weiß des Packeises. Furchtlos, sicher, schnell, so springt er von Platte zu Platte, schwimmt ein Stück, klettert auf das nächste Eisfloß, wittert zum Schiff und geht unbeirrt seinen Weg. Zu genau diesem Bild bemerkt Christiane Ritter in ihrem unsterblichen Spitzbergenbuch „Eine Frau erlebt die Polarnacht": „Ob sich die Menschen in Europa wohl eine Vorstellung machen können von dem tiefen Frieden und der Schönheit dieser gigantischen Eiswildnis? In der Sonne, wenn alle Stürme vorbei sind? Ob sie wohl wissen, was sie tun, wenn sie eine Kreatur aus dieser großen Verträumtheit herausreißen und zu sich in die Großstädte schleppen? Wissen sie, was sie tun, wenn sie einen Eisbären in einen Käfig sperren, dieses kraftvolle Tier, das geschaffen ist, den größten Naturgewalten zu trotzen, den peitschenden Stürmen in langer Nacht auf treibendem Eis? Das Tier, dem es gegeben ist, zu wandern, unentwegt zu wandern über Meere, vereiste Inseln und Länder, rastlos durch das weiteste, ungestörteste Reich der Erde?"

Die M/S „Nordstjernen" ist schon eine betagte Dame und hat trotzdem – oder gerade deshalb – sehr viele Verehrer und Liebhaber unter den Hurtigruten-Passagieren. Eine besonders beliebte Reise führt Anfang Juni zwei Wochen lang von Bergen über die Hurtigrute bis Honningsvåg und von dort nach Spitzbergen bis hinauf zum 80. Breitengrad.

Dann folgen unterschiedliche Reisen in Spitzbergen immer mit den Höhepunkten Ny Ålesund und Magdalenenfjord.

Cpt. Halvor Vinje auf der „Nordstjernen". Die Route nach Spitzbergen wurde nach anfänglicher Stornierung im Jahr 2000 doch wieder für die „Nordstjernen" freigegeben.

Eisbären waren auf Spitzbergen vom Aussterben bedroht, bis sie unter Naturschutz gestellt wurden. Heute dürfen die „Könige der Arktis“ nur in Notwehr geschossen werden. Dieser Eisbär kam über das Packeis bis auf 50 m an unser Schiff heran.

Auch Walrosse waren vom Aussterben bedroht. 1952 hat sie die norwegische Regierung ebenfalls unter Schutz gestellt, heute wird der Walroßbestand auf über 1.000 Tiere geschätzt.

Packeis vor Spitzbergens Küste. Das Eis bestimmt den Kurs der Schiffe und nicht der Kapitän. Eine Bucht, die heute unpassierbar ist, kann – durch eine Winddrehung – schon morgen wieder eisfrei sein.

Rund 65 Prozent von Spitzbergen sind von Gletschern unterschiedlicher Größe überzogen. Der Monacogletscher kalbt in den Liefdefjord.

Durch Licht und Schatten, Wasser und Wind werden gestrandete Eisberge zu wahren Kunstwerken des Nordens – und immer sind es Unikate.

Treibender Eisberg vor der Front des Monacogletschers. So schön und gewaltig Eisberge für Touristen und Fotografen auch sein mögen, für die Schiffahrt sind sie gefährliche Hindernisse – denn bis zu 90 Prozent der Masse eines Eisberges befinden sich unter Wasser, nicht sichbar für Kapitän und Mannschaft.

Sonnenuntergang am 79. Breitengrad Anfang September

CRUISING
SPITSBERGEN

Die Fluke eines abtauchenden Wals. Zu Norwegens Küste gehören Pottwale, Schwertwale und viele Zwergwale.

Die „Nordstjernen“ in Spitzbergen, im Magdalenenfjord.

Nachfolgende Doppelseite: Nachts fahren wir bei Sonnenschein an der breiten Eisfront des Monacogletschers entlang. Die Szenerie ist atemberaubend, zum Ausschlafen kommt man in Spitzbergen nicht.

# FAHRT IN DIE POLARNACHT

## Hurtigruten für Fortgeschrittene

Wenige Stunden nach der Silvesterknallerei brechen wir in Buxtehude (die Stadt gibt es wirklich, und sie ist wunderschön) auf und fahren zum Hamburger Flughafen Fuhlsbüttel, um nach Bergen zu fliegen. Wir wollen auf die Hurtigrute, mitten im Winter, in der dunkelsten Jahreszeit. Wir möchten und müssen es einfach wissen, denn nach Hurtigruten-Vorträgen kommt immer wieder die Frage:

„Wie ist das im Winter, im Dezember und im Januar, in der Dunkelheit?"

Und wir konnten bisher keine schlüssige Antwort geben. Also fliegen und fahren wir. Nein, die Weihnachtsreise mit ihrem immer tollen Festprogramm soll es nicht sein, sondern eine ganz normale Winterreise, die allererste im neuen Jahr.

Am Hurtigrutenkai in Bergen liegt die „Kong Harald" zur Abfahrt bereit, noch in voller Weihnachtsbeleuchtung: Eine strahlende Lichterkette spannt sich vom Bug über die Masten zum Heck. Seltsam, an der Rezeption ist es verblüffend ruhig, keine Menschenschlange - man scheint förmlich auf uns zu warten:

„Ehepaar Weyer? Helfried und Renate? Hier sind Ihre Kabinenschlüssel und gute Reise."

Wir kennen uns schon aus, gerade auf der so gemütlichen und service freundlichen „Kong Harald". Rasch bringen wir unseren Seesack auf die Kabine und eilen zum Restaurant, zur obligatorischen Tischreservierung, die sich in diesem Fall als völlig überflüssig erweist.

„Sie brauchen wirklich nicht zu reservieren. Sie können Platz nehmen, wo immer Sie wollen, Sie sind unsere einzigen Rundreisegäste!"

Haben wir uns da verhört? Die einzigen Gäste?

„Wie bitte? Ist außer uns niemand an Bord?"

„Doch, der Kapitän und seine Offiziere, und die sitzen wie immer an ihrem reservierten Tisch. Gute Reise!"

Wir glauben es immer noch nicht.

„Wird denn extra für uns gekocht und ein Frühstücksbüffet aufgebaut?"

„Selbstverständlich, sie werden den gleichen Service genießen wie auf einer vollen Reise. Vielleicht sogar noch ein bißchen mehr! Sicher kommen noch einige Kurzzeitpassagiere und Tagesgäste an Bord. Als Rundreisepassagiere bleiben Sie aber alleine."

Es ist also wahr, das ganze stolze Schiff gehört uns alleine - für elf Tage. Aus lauter Übermut schlage ich dem Plastikweihnachtsmann am Restauranteingang freundschaftlich auf die Schulter - und sofort beginnt er zu spielen. Den Drummerboy - denn er kommt aus Amerika. (Also sind wir doch nicht ganz alleine).

Die Sonne scheint, allerdings nur über die kurze Mittagszeit. In Trondheim bin ich schon vor dem Frühstück draußen. Minus 4 Grad und schönster sauberer Schnee um die beiden Schiffe herum. Neben uns liegt, ebenfalls noch mit voller Weihnachtsbeleuchtung, die südgehende „Nordnorge", mit der wir in diesem Jahr Antarctica besuchen werden. Das Bild der beiden schönen Schiffe vor dem klaren Winterhimmel ist ein Fotografentraum (siehe Titelbild). Um 15 Uhr geht die Sonne unter, und wir wissen, sie wird jetzt für mehrere Tage nicht mehr zu sehen sein, denn morgen früh passieren wir den Polarkreis.

Am vierten Tag wird es gegen 10 Uhr mäßig hell, die Temperatur ist auf 6 Grad gestiegen. Bodø liegt in seltsamem Dämmerlicht, und um 15 Uhr laufen wir in bereits totaler Dunkelheit vor einem großartigen Lichterpanorama aus. Kurz vor 19 Uhr erscheint die Lofotenwand gespenstisch als Silhouette vor dem Nachthimmel, tief hängende Wolken reflektieren die Lichter von Stamsund und Leknes auf die Berge. Die Temperatur fällt auf 2 Grad.

Kurz vor Tromsø klart es auf. Dort eilen wir auf die große Brücke und genießen den selten schönen Blick auf das weite Lichtermeer der Stadt, die auch „Paris des Nordens" genannt wird. Am folgenden Abend fällt die Temperatur auf den Gefrierpunkt und in Hammerfest zeigt mein Thermometer minus 5 Grad. Um 10 Uhr zucken rote und grüne Strahlen über den östlichen Himmel. Kein Nordlicht, sondern die Sonne schickt sie über den Horizont, bleibt aber selbst verborgen. Da wir jetzt sehr weit nach Osten gefahren sind, erleben wir gegen 11 Uhr die hellste Stunde des Tages, um Mittag wird es dann schon wieder dunkel. Honningsvåg liegt wie eine Märchenstadt im Dämmerlicht am tiefverschneiten Hang.

Wir glauben, viel Zeit für gute Bücher zu haben, irren uns aber. Zu schön und zu dramatisch sind die ständig wechselnden Lichteffekte da draußen, die kleinen und großen norwegischen Ortschaften in der stillen Schneelandschaft, die Versuche der Sonnenstrahlen, über die Berge zu leuchten - und um 23 Uhr strahlt endlich das langerwartete Nordlicht am tiefschwarzen Nachthimmel. Weite grüne und violette Vorhänge schwingen von West nach Ost. Verändern Farbe und Farbintensität.

Baden in der Polarnacht! Dieses Abenteuer bietet nur die MS Finnmarken.

In Kirkenes fällt die Temperatur auf minus 10 Grad. In Vardø tobt ein Schneesturm. Dabei steigt die Temperatur auf minus 2 Grad, und schon pendeln die Nordlichtvorhänge erneut am sternenklaren Nachthimmel. Der Sturm wird stärker und begleitet uns bis hinunter nach Bodø - und dann kommt die Sonne wieder. Wir fahren zurück ins „Normale“ und stellen fest:

Diese Reise zu einer ganz ungewöhnlichen Jahreszeit ist ein großartiges „Erlebnis der Extreme“ für Hurtigrutenfahrer, die den Sommer, vielleicht auch die besonders reizvollen Monate März und April oder den goldenen Oktober schon kennen. Die Wintertour ist gewissermaßen eine Reise für Fortgeschrittene.

Die TV-Moderatorin Birgit Schrowange ist auch ein Hurtigrutenfan und hat sich fest vorgenommen, diese „schönste Seereise der Welt“ in allen vier Jahreszeiten zu erleben. Nach ihrer Winterreise in die Polarnacht erzählte sie: „Viele meiner Kollegen haben mich ausgelacht, als ich von meinem Plan einer Reise in die Dunkelheit erzählte. Sie rieten mir, eine Lampe mitzunehmen, gegen Depressionen! In Wahrheit hat mich die Landschaft im Dämmerlicht richtig fasziniert. Ich hatte viele Bücher mitgenommen und dann kein einziges gelesen, weil es draußen ständig etwas zu sehen gab!“

„Normalbürger“ reisen im Januar nach Mallorca oder noch weiter nach Süden. Wir nicht, auch in Zukunft werden wir hundertmal lieber wieder in die Dunkelheit aufbrechen – allein schon wegen des großen Schiffs, das uns 11 Tage lang alleine gehörte.

Die M/S „Nordnorge“ unter Weihnachtsbeleuchtung im Januar 2002. Dieses Bild wird es in den nächsten Jahren so nicht mehr geben, denn die „Nordnorge“ ist das erste Hurtigrutenschiff, das im europäischen Winter in den Sommer der Antarktis fährt. Mit dem Postschiff - fast - zum Südpol, das ist ein ganz neues Hurtigrutenabenteuer.

Vorhergehende Doppelseite:
Bergen im Januar. Hier gibt es noch keine Polarnacht, aber die Tage sind kurz und die Dämmerung beginnt schon am Nachmittag.

Die M/S „Kong Harald“ verläßt Ålesund am 2.Januar. Um 14 Uhr beginnt bereits „der Abend“.

Am dritten Reisetag erleben wir am 3. Januar den letzten Sonnenuntergang an Bord der „Kong Harald“. In der folgenden Nacht überquert unser Schiff den Polarkreis, nördlich von ihm geht die Sonne in dieser Jahreszeit nicht mehr auf.

Vorhergehende Doppelseite: Tromsø während der Polarnacht, fotografiert am 5.Januar um 14 Uhr. Das ist die hellste Stunde. Ist der Himmel klar, dann gibt es über Mittag zwei bis drei Stunden Dämmerlicht. Wenn aber dunkle Wolken aufziehen, wie im Hintergrund, dann bleibt es tagsüber auch dunkel.

Wir laufen Kjøllefjord an. Alle Orte im Norden erleben wir jetzt in der Polarnacht.

Die Sonne geht nicht auf, aber sie ist da und schickt ihre geheimnisvollen Strahlen über den Horizont. Diese eindrucksvolle Stimmung hält über Mittag eine Stunde lang an.

rkenes Husflid as
Sørnes
Elektro as
NARVESEN
JACK&JONES
LEGO
Luggen as

Kirkenes in der Polarnacht. Die Aufnahme entstand am 7. Januar Mittags um 14 Uhr, es herrscht leichtes Dämmerlicht.

Die M/S „Kong Harald“ hat in der Polarnacht ihren Umkehrpunkt Kirkenes erreicht.

Polarlicht flammt in gewaltigen grünen Vorhängen über den schwarzen Himmel. Das Foto meines Sohnes Hardy Weyer wurde 30 sec. lang belichtet. Die Sterne erscheinen wie Kratzer, geben aber in Wahrheit nur die Schiffsbewegung wieder. Polarlichter auf der Hurtigrute gibt es am sichersten von Dezember bis März fast immer in klaren Nächten.

# WIE DIE BILDER ENTSTANDEN...

Als wir den Entschluß faßten, das Thema Hurtigruten zum Vortrags- und Buchprojekt zu machen, war uns klar, daß ein oder zwei Reisen für ein professionelles Ergebnis nicht ausreichen würden. Reizvoll erschien uns auch, die verschiedenen Jahreszeiten auf der Hurtigrute zu erleben. Außerdem wollten wir alle elf Schiffe kennenlernen und bei guten Lichtverhältnissen fotografieren.

Wir starteten das Projekt mit einer Aprilreise 1998 auf der „Kong Harald" von Bergen nach Kirkenes und zurück bis Trondheim. (Für die Rückfahrt bis Bergen reichte meine Zeit nicht, da ich eine fest geplante Grönlandfahrt nicht verschieben konnte.) Auf dieser ersten Schnupperreise entstanden viele Winterbilder, vor allem im Nordabschnitt war Norwegen noch tiefverschneit, und wo das Wetter nicht so mitspielte, wie wir es uns wünschten, haben wir Motivstandpunkte für eine Sommerreise ausgekundschaftet und festgelegt. Außerdem notierten wir bei Brückenunterfahrungen und Hafenein- und ausfahrten genaue

**Erfolg gibt es für einen Reisefotografen nur, wenn er vor anderen Menschen aufsteht und nach ihnen schlafen geht.**

Zeiten und ideale Fotostandpunkte. Unsere Sommerreise wurde so geplant, daß wir am 21. Juni am Nordkap sein konnten. Wir fuhren mit der „Richard With" von Bergen bis Kirkenes und dann im VW-Bus entlang der Hurtigrute zurück. Die Rückfahrt allein dauerte drei Wochen. Wir hatten auf dieser Frühsommerreise sehr gutes Wetter und stellten bald fest, daß wir tagsüber große Strecken fahren und nachts fotografieren mußten – weil das Licht unter der Mitternachtssonne unvergleichlich schöner ist als am Tag. Wie so ein Arbeitsprogramm aussah, möchte ich an einem Beispiel von den Vesterålen erzählen.

In Risøyhamn gibt es von der fast tausend Meter langen Brücke aus eine gute Perspektive auf die südgehende Hurtigrute. Das Schiff kommt um 10.30 Uhr genau aus Osten, die Sonne steht fast im Süden. Alles ideal. Nur darf man auf dem Brückenscheitel nicht parken. Also bringt mich Renate mit meinem Kamerakoffer und Stativ im Auto hin und fährt weiter zur nächsten Parkmöglichkeit. Pünktlich nach Fahrplan kommt das Schiff. Ich fotografiere von der Brücke. Renate sammelt mich wieder auf, und wir sausen zum Hafen, um dort weitere Schiffsaufnahmen zu machen. Dann geht es nach Süden, nach Sortland, zum nächsten Brückenstandpunkt. „Unser" Schiff kommt nur wenige Minuten nach uns um 12.35 Uhr an. Wieder gute Lichtverhältnisse, die Sonne steht im Süden, das Schiff kommt aus Nord.

Nächste Station ist Stokmarknes. Hier warten wir den Besuch der Hurtigruten-Passagiere ab und fotografieren anschließend im leeren Hurtigrutenmuseum. Danach gönnen wir uns eine Stunde Ruhe. Renate holt ihre Küchenutensilien aus dem Auto und bereitet das Abendessen vor. Wir haben jetzt Zeit, denn das nordwärts fahrende Schiff – in dieser Nacht ist es die traditionelle „Harald Jarl" – kommt erst nach Mitternacht, um 0.45 Uhr. Sie fährt pünktlich in den Hafen. Einige Fotos von der Einfahrt unter der Mitternachtssonne, dann sausen wir zurück nach Sortland. Hier suche ich mir eine neue Perspektive: die „Harald Jarl" unter der weitgeschwungenen Brücke. Um 3.12 Uhr ist das Schiff da. Auslösen, einpacken, weiterfahren. Um 4.30 Uhr legt die „Harald Jarl" in Risøyhamn an, und ich stehe wieder oben auf dem Scheitelpunkt der großen Brücke – 18 Stunden nach unserem ersten Mittagsbild. Mitten in der Nacht steht die Sonne erneut ideal, im Nordosten. Das Schiff kommt jetzt aus Westen (siehe Seite 4). Dann endlich suchen wir einen Schlafplatz für den Rest der Nacht, und nach dem Frühstück geht es hinauf nach Andenes, zur Walsafari. Fotografenleben! Als wir nach drei Wochen in

Bergen ankamen, hatten wir alle elf Hurtigruten-Schiffe „abgehakt".

Ich wünschte mir noch Herbstfarben und buchte die letzte Spitzbergenreise der Saison mit der „Nordstjernen", um anschließend von Tromsø nach Kirkenes zu fliegen und mit der „Kong Harald" nach Bergen zu fahren. Renate blieb daheim, weil wir anschließend sofort nach Libyen reisen mußten. Mein Sohn Hardy begleitete mich und half mir mit der umfangreichen Fotoausrüstung (etwa 25 Kilogramm). Der Sommer 1998 in Skandinavien war ein sehr warmer Bilderbuchsommer. Deshalb war es für Herbstfarben Anfang September noch viel zu früh. Aber wo wir im Frühjahr und Frühsommer einen bedeckten Himmel vorfanden, strahlte jetzt die Sonne, beispielsweise in Trondheim und in Kristiansund, so daß wir gute Ergänzungsbilder aufnehmen konnten.

Für die Lofoten im Winter folgte eine vierte Reise Ende Februar 1999 per Flugzeug direkt nach Svolvær. Renate war wieder mit von der Partie, und es störte uns gar nicht, daß es am ersten Tag schneite. Dann folgten unglaublich sonnige Tage. Wir blieben drei Nächte in Svolvær und drei Nächte in Hennigsvær. Erst auf dem Rückweg schlug das Wetter um, so daß der Flughafen Oslo wegen starken Schneetreibens geschlossen wurde.

Im Jahr 2002 fuhren wir gleich dreimal auf die Hurtigrute. Im Januar mit der „Kong Harald" in die gar nicht so schwarze Polarnacht und im Sommer per Hymer-Wohnmobil, um die Neubauten M/S „Trollfjord" und M/S „Finnmarken" von Land aus zu fotografieren. Im August ging es dann auf der M/S „Finnmarken" nach Kirkenes und zurück. Die ganz neue M/S „Midnatsol" mußten wir nicht in Norwegen fotografieren, sie kam an einem strahlend blauen Märztag 2003 zu uns nach Hamburg, zur Taufe.

Auf den verschiedenen Reisen habe ich etwa 6.000 Mittelformatbilder mit der Rolleiflex 6008 belichtet. Keine andere Kamera erreicht im Mittelformat eine bessere Qualität und Schnelligkeit als die Rolleiflex.

Um neue Schiffe auf der Hurtigrute zu fotografieren, ist die Begleitung per Wohnmobil an Land geradezu ideal. Dabei haben wir feststellen müssen, daß die Hurtigrutenschiffe auf See sehr oft schneller sind als wir an Land im Auto, wo wir oft lange Fjordstraßen ausfahren müssen.

Außerdem habe ich etwa 600 Panoramabilder 6 x 17 mit der Linhof-Technorama aufgenommen. Ich fotografiere fast immer vom Stativ. Dafür benutze ich Holzstative von der Firma Berlebach, die sind leichter und schwingungsfreier als Metallstative. In den Kameras habe ich Ektachromefilm EPR 64 von Kodak, die an Schärfe und Farbgenauigkeit von keinem anderen Film übertroffen werden.

Ist das Fotografenleben ein Traum? Ist es, nur muß man den Achtstundentag vergessen. Besonders auf der Hurtigrute unter der Mitternachtssonne. Diese Strecke mit dem Postschiff ist der schönste Weg in Norwegens Seele – denn die liegt an der Küste.

# WICHTIGE ADRESSEN

für Auskünfte und Buchungen:

**Hurtigruten GmbH**
Kleine Johannesstraße 10
20457 Hamburg
Tel. 040 / 376930
Fax: 040 / 364177
Email: info@hurtigruten.de
www.hurtigruten.de

HURTIGRUTEN

Der Trollfjord um Mitternacht. Obwohl im Fahrplan nicht vorgesehen, läßt der Kapitän die „Richard With" nordgehend genau um Mitternacht in den Trollfjord einfahren. Während die Schatten der Nacht längst vom Fjord Besitz ergriffen haben, beleuchtet die Mitternachtssonne noch immer die hohen Bergspitzen um uns herum. Mir scheint, hier sind wir Norwegens Trollen sehr nahe!

# DANK

So ein Projekt entsteht nie im Alleingang. Bernd Stolzenberg von der NSA gab mir den Anstoß zum Thema Hurtigruten. Ihm möchte ich herzlich danken, ebenso seinem Mitarbeiter Jens Blaumeier, der alle Schiffsbuchungen präzise und zuverlässig ausgeführt hat und uns viele Routenhinweise gab.
Danken möchte ich auch der Hurtigruten GmbH für die Unterstützung, für ihren Einsatz und für viele Hilfestellungen. Gleiches gilt für die Kapitäne, Offiziere und Mannschaften der Hurtigruten-Schiffe, denen mein ganz besonderer Dank gilt – und für die norwegische Reiseleiterin Anne-Sophie.

Mit großer Begeisterung hat der Tecklenborg Verlag das Thema Hurtigruten aufgegriffen und dieses Buch liebevoll ausgestattet.
Mein besonderer Dank gilt in diesem Zusammenhang Hubert Tecklenborg und Norbert Wessels für Gestaltung und professionelle Zusammenarbeit.

Danke sage ich auch meiner Frau Renate, die unterwegs unermüdlich Kamerakoffer und Stative geschleppt, gekocht und Tagebuch diktiert hat.
Sie allein kann bei uns den Computer bedienen und meine Texte für den Druck vorbereiten.

Last not least danke ich allen Leserinnen und Lesern für Ihr Interesse, das unsere Arbeit erst sinnvoll macht.

# LITERATUR

An Bord, Magazin für Erlebnisreisen auf dem Schiff, Bremen, März/April 1997

Alfred Andersch, Hohe Breitengrade, Diogenes Verlag, Zürich 1969

C.C. Bergius, Nebel im Fjord der Lachse,
C. Bertelsmann Verlag, München 1973

Geo Saison, Das Reisemagazin, 12/1 1999

Christiane Ritter, Eine Frau erlebt die Polarnacht, Propyläen-Verlag, Berlin 1938

Erling Storrusten, Hurtigrute mit Ofoten og Vesteraalens Dampskibsselskap AS/Narvik;
Troms Fylkes Dampskibsselskap AS/Tromsø, 1997

Dietrich Strobel, Volkswerft Stralsund, Koehlers Verlagsgesellschaft, Hamburg 1998

# HURTIGRUTEN

Wer es bei all dem Komfort an Bord nicht gemerkt hat, sieht auf der norwegischen Flagge: Wir sind mit dem Postschiff unterwegs. Das Foto ist absichtlich seitenverkehrt gedruckt, damit der Name „Post“ lesbar wird.

POST

# Weitere Bildbände aus dem Tecklenborg Verlag

Helfried Weyer
ANTARCTICA
152 Seiten, 113 Abb., 24 sw-Bilder
Gebunden, 30 x 24 cm
€ 49,80 / sFr 82,50

Einer der wenigen Orte, die noch den Zauber einer unberührten Natur vermitteln, ist die Antarktis. Klares Wasser, blau schimmerndes Eis und der weite Himmel über einer unendlichen, von Meschenhand unberührten Landschaft, prägen das Bild dieses Ökosystems. Der Autor und Fotograf Helfried Weyer zeigt in seinem Buch nicht nur die berauschende Intensität der Eiswelt und der dort lebenden Tiere, sondern blättert darüber hinaus im Buch der Geschichte und berichtet über die Erforschung des weißen Kontinents. Die Namen Amundsen Scott oder Shackleton stehen auch heute noch stellvertretend für einen unerschrockenen Entdeckergeist. Ein Buch über eines der größten Abenteuer im ewigen Eis.

Helfried Weyer
SAHARA
152 Seiten, 153 lackierte Abb., 1 Karte
Gebunden, 30 x 27 cm
€ 49,80 / sFr 82,50

Mit einer Größe von etwa 9 Millionen Quadratkilometern ist die Sahara die größte Wüstenregion der Erde. Zehn Staaten haben Anteil an der Wüste oder liegen ganz in ihr. Endlose Dünenmeere, bizarre Felslandschaften aus schwarzen und weißen Felsen, grüne Oasen, Karawanen, die über endlose Steinwüsten, durch mächtige Gebirge und über die weiten Sandflächen ihren Weg durch das ausgedörrte Land nehmen, sind die prägenden Elemente dieser schier unendlichen Landschaft. Viel stärker als man glauben mag, ist die Sahara von Menschen bewohnt und von ihnen gestaltet. Als wahre Überlebenskünstler bewohnen sie die entlegensten Winkel und haben bedeutende Zeugnisse ihrer Kultur hinterlassen.

Helfried Weyer
ÄGYPTEN
144 Seiten, 187 lackierte Abb., 1 Karte
Gebunden, 30 x 27 cm
€ 58,– / sFr 95,80

Alle Höhepunkte des beliebtesten nordafrikanischen Reiselandes zeigt der international bekannte Fotograf Helfried Weyer in packenden Bildern und lädt damit zu einem spannenden Rendezvous mit dem Orient ein. In neun Kapiteln gibt er einen Überblick über die ägyptische Geschichte, berichtet aus einer sehr persönlichen sicht über Kairo, über die Pyramiden von Giseh und Sakkara sowie über Luxor und Abu Simbel. Neueste Erkenntnisse der Archäologie werden genauso präsentiert wie die klassische Besteigung des Mosesberges auf der Sinai-Halbinsel. Immer wieder gelingt es den Autoren, auf unterhaltsame Weise kulturelle und religiöse Themen in seine Schilderung einfließen zu lassen, etwa im Kapitel über den „Berg Gottes“ und über das weltberühmte Katharinenkloster.

Michio Hoshino
ARCTIC ODYSSEE
132 Seiten, 110 Abb.
Gebunden, 31 x 22 cm
€ 39,80 / sFr 65,80

„Ich sah die Ankunft der Buckelwale in der offenen See und die großen Karibu-Herden auf ihren Wanderungen. Ich bewunderte die Gletscher und durchstreifte die Urwälder Südost-Alaskas. Kurz vor Beginn eines neuen Jahrtausends scheint sich bei vielen von uns ein neues Bewußtsein einzustellen, das erkennt, wie weit sich der Mensch von der Natur und ihren Gesetzen entfernt hat. Durch meine Gespräche mit den Eskimos und den dortigen Indianern versuchte ich ihre Botschaft zu vernehmen, um unsere eigene Beziehung mit der Natur wiederzubeleben.“ So schreibt der japanische Naturfotograf Micho Hoshino in seinem Bildband über seine einjährige Reise in die Arktis. Dieses Buch ist gleichzeitig aber auch ein Vermächtnis des viel zu früh verstorbenen Naturfotografen Michio Hoshino.